W0088166

Sabine Geier-Leisch

Im Märzen der Bauer

Bauern- und Wetterregeln
Namenstage und Spruchweisheiten
Tips für Garten
und Hausapotheke

Originalausgabe

WILHELM HEYNE VERLAG
MÜNCHEN

HEYNE RATGEBER
08/5171

Umwelthinweis:
Dieses Buch wurde auf
chlor- und säurefreiem Papier gedruckt.

Copyright © 1998
by Wilhelm Heyne Verlag GmbH & Co. KG, München
Printed in Germany 1998
Lektorat: Gisela Klemt
Umschlaggestaltung: Atelier Adolf Bachmann, Reischach
Umschlagabbildung: Archiv für Kunst und Geschichte, Berlin
Satz: Layer, Ostfildern
Druck und Bindung: Ebner, Ulm

ISBN 3-453-13264-5

Inhalt

Einleitung

Was ist eigentlich der Hundertjährige Kalender? Wann genau sind die Eisheiligen? Und warum heißt der letzte Tag des Jahres Silvester?

Die Anwort auf diese und viele andere Fragen haben wir in diesem Buch für Sie zusammengetragen. Sie werden feststellen, daß die oft seit Jahrhunderten überlieferten Bauern- und Wetterregeln nicht selten Gegebenheiten und Zusammenhänge in der Natur bestätigen, die Sie selbst schon beobachten konnten – vielleicht ein kleiner Hinweis darauf, daß die moderne Zivilisation uns trotz allem noch nicht ganz von unseren Wurzeln getrennt hat?

Schlendern Sie mit uns durch das Jahr, entdecken Sie die Sinnsprüche unserer Großeltern – Sie werden überrascht sein, wieviel Lebensweisheit in ihnen zu finden ist.

Nicht zuletzt hoffen wir, daß Ihnen die vielen ebenfalls altbewährten Haushalts-, Garten- und Gesundheitstips eine Hilfestellung bei den kleineren Problemen des Alltags geben können.

Viel Spaß beim Stöbern!

Januar

Allmählich verflüchtigt sich der weihnachtliche Duft nach Tannengrün und Anisplätzchen – kalt und klar grüßt die winterliche Landschaft im neuen Jahr. Spaziergänge auf knirschendem Schnee, Schlittenfahrten und Schneeball-schlachten – diese nostalgischen Vergnügungen in Weiß lassen jedermann warm ums Herz werden. Im dichten Schneegestöber strahlen frostgerötete Gesichter unter warmen Pudelmützen, in wollene Handschuhe verpackte Hände formen Schneebälle aus den weichen Flocken... Fernab der Romantik läßt sich der erste Monat des Jahres jedoch auch nüchterner betrachten. Bekanntermaßen bieten die kurzen Tage des Januars reichlich Gelegenheit zur Melancholie, und ist Schnee in Wirklichkeit nicht nur gefrierendes Wasser aus den Wolken, das, einmal aufgefangen in der Hand, in Sekundenschnelle zu einem traurigen Pfützchen zusammenschmilzt? Erfreulicher klingt hier zweifellos der freudige Ausruf aus Kindermund: »Frau Holle schüttelt ihre Betten aus!«

Übrigens auch kein Schnee von gestern, da von zeitlosem Wahrheitsgehalt: »Schneit's dem Bauern auf den Hut, ist's für den Filz nicht gut«...

1. Januar

(Namenstag für Gregor, Frodobert, Fulgentius,
Heinrich und Wilhelm)

Prost Neujahr! jubeln alle Leute
und machen Feuerwerk vor Freude.
Bloß ich denke bei mir ganz still:
Was dieses Jahr wohl von mir will?
(Gerald Drews)

Eines neues Jahr erhebt sich aus der Asche des alten – wir tun es ihm gleich und begrüßen das neue Jahr mit Feuerwerk, Champagner und manchmal auch mit ein bißchen Wehmut. Nicht fehlen dürfen natürlich die guten Vorsätze – häufig Überbleibsel der Vorsätze des vergangenen Jahres, die, dank der menschlichen Willensschwäche, immer noch nicht erfüllt sind ...

Bauernregel

Neujahrsnacht still und klar,
deutet auf ein gutes Jahr.

Interessantes

Für den ersten Tag im Jahreslauf sind mehrere Bezeichnungen bekannt, z. B. »Neujahrstag«, »Oktavtag von Weihnachten«, »Namensgebung des Herrn«, »Hochfest der Gottesmutter Maria«.

1967 von Papst Paul VI. eingeführt, manifestiert sich an diesem Tag der Wunsch der Menschheit nach Frieden im sogenannten Weltfriedenstag.

Tip des Tages

Was tun gegen die Nachwirkungen einer allzu ausgelassenen Silvesternacht, wenn der Kater jämmerlich kratzt und miaut? Hier wirken – neben ausreichender Bewegung an der frischen Luft, reichlich Mineralwasser und gesunder Ernährung – einige Muntermacher aus Küche, Hausbar oder Apotheke wahre Wunder, beispielsweise das klassische Rollmops-Frühstück oder folgender »Katerkiller«: Man verrührt eine Tasse starken (kalten!) Kaffee mit dem Saft einer Zitrone.

2. Januar

(Namenstag für Gregor, Adalhard, Basilius, Dietmar und
Makarios der Jüngere)

Bauernregel

Wie das Wetter zu Makarius war,
so wird's auch im September – trüb oder klar.

Tip des Tages

Es kratzt im Hals, die Nase läuft, eine dicke Erkältung scheint im Anmarsch. Bei den ersten Anzeichen von Halsschmerzen empfiehlt sich ein ebenso altes wie simples Hausrezept: Trinken Sie dreimal täglich ein Glas heißen Zitronensaft mit Honig. Sauer macht in diesem Fall nicht nur lustig, sondern bringt wohltuende Linderung. Auch Großmutters Kartoffelwickel wirkt Wunder: Man zerdrückt abgekochte Pellkartoffeln zu Brei und umwickelt das Ganze mit einem heißen Tuch. Diesen Wickel legt man dann möglichst faltenfrei um den Hals und bedeckt ihn mit einem warmen Hand- oder Wolltuch. Nach etwa einer Stunde kann der Wickel abgenommen werden.

3. Januar

(Namenstag für Irmina und Genovefa)

Draußen ruht die Natur im Winterschlaf – bedeckt von einer weißen, die Saat wärmenden Schneedecke. Dazu passen die folgenden »goldenen« Regeln:

Bauernregel

Im Januar Schnee zuhauf,
Bauer, halt dein Säckchen auf.

Tip des Tages

Wer nach den üppigen Fest- und Schlemmertagen einen Fastentag einlegen möchte, kann seinen knurrenden Magen mit reichlich Mineralwasser und honiggesüßtem Melissentee beruhigen.

4. Januar

(Namenstag für Roger, Robert, Angela und Christina)

Mildes Wetter, ja sogar Regen gilt nach dem Bauernkalender als nahezu ebenso gefährlich wie zu starker Frost, weil dadurch die Saat bereits auftreiben könnte. Darum sieht man in ländlichen Gegenden im Januar »lieber einen Wolf als einen Bauern ohne Jacke«.

Bauernregeln

Regen im Januar bringt doppelte Keime,
aber nur halbe Frucht in der Scheune.

Tanzen im Jänner die Mucken,
muß der Bauer nach dem Futter gucken.
Im Januar viel Muckentanz,
verdirbt die Futterernte ganz.

Was im Januar in die Samen treibt,
in Halm und Ähren steckenbleibt.

Interessantes

Wenn in Vollmondnächten ein Nordwind weht, kommt meist ein langanhaltender Frost, sagt der Hundertjährige Kalender.

5. Januar

(Namenstag für Simeon, Gerlach, Eduard und Emilie)

Philosophisches zum Tage

Dem Gesunden fehlt viel, dem Kranken nur eins.

Bauernregel

Wenn im Januar viel Nebel steigen,
wird sich ein schönes Frühjahr zeigen.

Tip des Tages

Wie sehr freut man sich doch in diesen Tagen auf ein heißes Bad. Dabei läßt sich das Angenehme gut mit dem Nützlichen, nämlich der Schönheitspflege, verbinden. Nach einem alten Hausrezept löst man dazu zwei Eßlöffel flüssigen Meeresalgenextrakt im Badewasser auf und genießt darin ein rund 20minütiges Bad. Meeresalgen fördern die Durchblutung und machen die Haut zart und geschmeidig.

6. Januar

(Namenstag für Kaspar, Melchior, Balthasar,
Wiltrud, Gertrud, Erminold und Makarius)

Bauernregel

An Heilig Dreikönig werden die Tage
um einen Hahnenschrei länger.

Interessantes

Am volkstümlich »Dreikönigstag« oder »Dreikönige« (eigentlich Epiphanias, Fest der Erscheinung des Herrn) genannten Tag entwickelte sich seit dem 15./16. Jahrhundert das sogenannte Sternsingen – ein im 20. Jahrhundert vielerorts wiederbelebter Brauch: Jugendliche, als die drei Weisen aus dem Morgenland Kaspar, Melchior und Balthasar verkleidet, ziehen von Haus zu Haus und sammeln für die Kinder in der dritten Welt. Dabei werden auch Haus und Wohnung gesegnet und der Türstock mit der jeweiligen Jahreszahl und den Buchstaben C, M und B beschriftet. Diese werden sowohl als die Initialen von Caspar, Melchior und Balthasar, aber auch als Abkürzung des Satzes »Christus mansionem benedicat« (Christus segne dieses Haus) gedeutet.

Tip des Tages

Wer am heutigen Tag seinen Christbaum entsorgen will, kann dies mit einer guten Tat verbinden: Aufgestellt auf dem Balkon oder im Garten, läßt sich daraus eine ideale Futterstelle für die Vögel machen.

7. Januar

(Namenstag für Raimund, Valentin, Reinhold, Gaubald und Knud)

Bauernregeln

Sonnt sich die Katz' im Januar,
liegt sie am Ofen im Februar.
Ein Bauer zwischen zwei Advokaten
ist ein Fisch zwischen zwei Katzen.

Tip des Tages

Weiße Lederhandschuhe lassen sich nach einem alten Hausmittel problemlos reinigen, wenn man sie mit reichlich Mehl einreibt und dann mit einer sauberen Bürste ausbürstet.

8. Januar

(Namenstag für Severin, Erhard, Heinrich und Gudula)

Bauernregel

St. Erhard mit der Hack',
steckt die Feiertag' in den Sack.

Tip des Tages

Der tägliche Genuß von rund 40 Gramm Emmentaler Käse soll nach dem Volksglauben besonders gut für den Knochenbau sein: Bei jungen Menschen zur Vorbeugung, bei älteren zögert es die Abnutzungserscheinungen des Skelettes hinaus.

9. Januar

(Namenstag für Julian, Basilissa, Eberhard, Alix und Adrian)

Bauernregel

St. Julian bricht das Eis,
bricht er es nicht, umarmt er es.

Tip des Tages

Ist die Soße oder ein Gericht mal zu scharf ausgefallen, mildert und
verfeinert ein Schuß Dosenmilch.

10. Januar

(Namenstag für Gregor X., Paulus von Theben und Wilhelm)

Bauernregel

Am 10. Jänner Sonnenschein
bringt viel Korn und Wein.

Tip des Tages

Dreimal täglich ein Gläschen Karottensaft hält jung, entlastet Leber,
Nieren und Blase und entschlackt.

11. Januar

(Namenstag für Werner und Theodosius)

Bauernregel

Wächst das Gras im Januar,
ist's im Sommer in Gefahr.

Interessantes

Im Stein ist Sein: Jedem Monat sind bestimmte Edelsteine zugeordnet, die dann positive Wirkung entfalten. Der Januar steht ganz im Zeichen von Granat und Hyazinth.

12. Januar

(Namenstag für Ernst, Erna und Tatiana)

Bauernregel

Wenn der Tag beginnt zu langen,
kommt der Winter erst gegangen.

Tip des Tages

Schnittblumen, die derzeit in Blumengeschäften erhältlich sind, halten länger, wenn Sie ein Stück Würfelzucker im Wasser auflösen.

13. Januar

(Namenstag für Gottfried, Ivette [Jutta], Hilarius und Remigius)

Philosophisches zum Tage

Ein blindes Huhn
findet auch mal ein Korn.

Bauernregel

Wenn im Jänner der Frost nicht kommen will,
so kommt er im März und April.

Tip des Tages

Taschentücher, die beim Waschen nicht mehr richtig weiß werden,
legte man schon zu Großmutters Zeiten vor dem Waschen einen Tag
lang in Salzwasser.

14. Januar

(Namenstag für Felix von Nola, Heilika und Engelmar)

Philosophisches zum Tage

Gott macht das Wetter,
und die Menschen den Kalender.

Bauernregel

Der Jänner hat viel Mützen
auf seinem Kopfe sitzen.

Tip des Tages

Gegen Sodbrennen helfen zwei bis drei Becher Joghurt, ist Großmutters Ratgeber zu entnehmen.

15. Januar

(Namenstag für Roland, Rosamunde, Arnold,
Konrad II. v. Mondsee und Maurus)

Bauernregel

Wenn im Januar der Südwind brüllt,
werden die Friedhöfe schnell gefüllt.

Tip des Tages

Auch im Januar sollte man nicht auf ausreichende Vitaminzufuhr
verzichten. Leckere Gerichte lassen sich jetzt aus den verschiedenen
Kohlsorten (Weiß-, Rot-, Grün- und Rosenkohl) zubereiten. Bei guter
Lagerung fehlen auch weder Äpfel noch Birnen in der Obstschale.
Vitamin-C-Bomben wie Orangen, Grapefruits oder Mandarinen,
aber auch Bananen finden ihren Weg von südlicheren Gefilden auf
unsere Wochenmärkte.

16. Januar

(Namenstag für Tilo [Tillmann], Tasso und Marcellus)

Bauernregel

Reichlich Schnee im Januar,
machet Dung fürs ganze Jahr.

Tip des Tages

Seit alters her ist Knoblauch weder aus der Küche noch aus der Heil-
behandlung wegzudenken. Er hilft beispielsweise bei Schlaflosigkeit,
Bronchitis, Bluthochdruck und Arterienverkalkung. Aus Pestzeiten
stammt folgender Spruch, für dessen Gültigkeit wir allerdings keine
verbindliche Zusage machen wollen:

»Also esset Knoblauch und Bibernell,
dann sterbet ihr nicht so schnell.
Vor allem steht mit dem Herrgott gut,
das ist die allerbeste Hut.«

17. Januar

(Namenstag für Antonius, den Einsiedler [Anton], Beatrix,
Gamelbert und Roselina)

Bauernregeln

Wenn zu Antoni die Luft ist klar,
gibt's ein trockenes Jahr.

St. Antonius mit dem weißen Bart,
wenn er nicht regnet,
er auch den Schnee nicht spart.

Große Kält' am Antoniustag,
große Hitz' am Lorenzitag (10. August),
doch keine lange dauern mag.

Interessantes

Der mit dem Beinamen »Vater der Mönche« bezeichnete heilige Antonius lebte und lehrte um 270 n. Chr. als Einsiedler in der Wüste
Theben. Oft wird er mit einem kleinen Schwein an seiner Seite, mit
Weihwedel, Bettlerglocke und dem T-förmigen Antoniuskreuz dargestellt. Er gilt als Helfer bei Feuersbrünsten und als Patron der Haustiere.

18. Januar

(Namenstag für Regina, Pisca und Margarete von Ungarn)

Philosophisches zum Tage

Die Tage sind Brüder,
aber selten ist einer dem anderen gleich.

Bauernregel

Ist Anfang und Ende des Monats schön,
so bedeut's ein gutes Jahr.

Tip des Tages

Mit Essigwasser abgebürstet, erhalten Polstermöbel wieder ihre leuchtenden Farben zurück.

19. Januar

(Namenstag für Martha, Agritius und Heinrich von Uppsala)

Bauernregel

Im Januar Füchse bellen, Wölfe heulen,
große Kälte wird noch weilen.

Tip des Tages

Gibt man beim Kochen von Blumenkohl einen Schuß Milch ins Kochwasser, so erhält der Blumenkohl eine appetitlich weiße Farbe.

20. Januar

(Namenstag für Fabian, Sebastian, Elisabeth, Ursula und Jakob)

Bauernregeln

Fabian und Sebastian
fängt der rechte Winter an.

Sturm und Frost an Sebastian
ist den Saaten wohlgetan.

Interessantes

Papst Fabianus starb im Jahr 250 als eines der ersten Opfer der Christenverfolgung unter Kaiser Decius den Märtyrertod und gilt als Patron der Töpfer und Zinngießer.

Einer der meistverehrten, volkstümlichen Heiligen ist Sebastian (3. Jahrhundert), der als Soldat unter Kaiser Diokletian, einem erklärten Christenhasser, an seinem Glauben festhielt und dafür an einen Pfahl gebunden und von Pfeilen durchbohrt wurde. Er ist unter anderem Patron der Sterbenden, der Soldaten und der Schützenvereine, sowie Schutzheiliger gegen die Pest und Viehkrankheiten.

21. Januar

(Namenstag für Agnes, Meinrad und Patroclus)

Bauernregel

Wenn St. Agnes wird kommen,
wird neuer Saft im Baum vernommen.

Interessantes

Agnes, Patronin der Keuschheit, der Jungfrauen sowie der Gärtner und Kinder, entzückte alten Überlieferungen zufolge schon im Mädchenalter durch ihre Schönheit. Christlich erzogen, gelobte sie Keuschheit und verwehrte sich der vielen Heiratsanträge. Verschmähte Liebesmühe eines Verehrers brachte ihr schließlich den qualvollen Märtyrertod auf dem Scheiterhaufen.

Alljährlich werden am 21. Januar in der Grabkirche der heiligen Agnes in Rom (Santa Agnese fuori le mura) zwei Lämmer gesegnet, aus deren Wolle die Pallien für die Erzbischöfe gefertigt werden.

22. Januar

(Namenstag für Isabella, Walter, Vinzenz, Anastasius und Theodelinde)

Bauernregel

Geht Vinzenz im Schnee,
gibt's viel Heu und Klee.

Tip des Tages

Mandelkleie, mit etwas Wasser angerührt, eignet sich als bewährte Maske gegen Mitesser und Pickel. Auch hartnäckige Hornschüppchen lösen sich, wenn die Maske ein- bis zweimal pro Woche auf das Gesicht aufgetragen, einmassiert und mit lauwarmem Wasser wieder abgenommen wird.

23. Januar

(Namenstag für Hartmut, Heinrich Seuse, Emerentia, Ildefons und Eugen)

Bauernregel

Januar muß vor Kälte knacken,
wenn die Ernte gut soll sacken.

Interessantes

Nach dem Hundertjährigen Kalender wird man im Jahre 2000 das Jahr des Saturn schreiben, was für den Januar einen strengen Winter mit starkem Frost und viel Schnee bedeutet. Prüfen Sie es nach …

24. Januar

(Namenstag für Vera, Eberhard und Franz von Sales)

Bauernregel

> Wächst das Korn im Januar,
> wird es auf dem Markte rar.

Interessantes

Neben Vera und Eberhard begeht man heute auch den Namenstag des Franz von Sales (1567 bis 1622).

Der Bischof und Kirchenlehrer war Mitbegründer des Ordens »Der von der Heimsuchung Mariens«, den sogenannten Salesianerinnen. Er gilt als Patron der katholischen Presse, der Schriftsteller und der Städte Genf, Annecy, Chambéry.

25. Januar

(Namenstag für Wolfram, Titus Maria, Amarin, Elid, Poppo und Eberhard)

Bauernregeln

> Pauli Bekehr,
> der halbe Winter hin, der halbe her.

> Sankt Paulus kalt mit Sonnenschein,
> wird das Jahr wohl fruchtbar sein.

> Schön an Pauli Bekehrung –
> bringt allen Früchten Bescherung.

Interessantes

Am 25. Januar soll nach alter Überlieferung die Bekehrung des Saulus zum Paulus geschehen sein.

Dem Volksglauben nach war an »Pauli Bekehr« die Mitte des Winters erreicht.

26. Januar

(Namenstag für Edith, Hieronymus, Alberich, Notburga,
Paula, Timotheus und Titus)

Bauernregel

Fährt der Bauer im Januar Schlitten,
muß er im Herbst um Sä'frucht bitten.

Tip des Tages

Bei großporiger Haut greift man nach Großmutters Erfahrungen am besten auf die altbewährten Essigbäder zurück. Dazu gibt man einen halben Liter Essig ins Badewasser.

27. Januar

(Namenstag für Angela Merici, Alruna und Julianus)

Bauernregel

Januar ohne Schnee
tut Bäumen und Tälern weh.

Tip des Tages

Gegen Verdauungsstörungen mag dieses alte Hausrezept die er-
wünschte Wirkung zeigen: Man nehme ein fünfzehnminütiges Fuß-
bad mit je drei Teelöffeln Salz und Apfelessig auf fünf Liter Wasser.

28. Januar

(Namenstag für Thomas von Aquin, Karoline, Irmund, Joseph,
Karl den Großen und Manfred)

Philosophisches zum Tage

Wenn's donnert,
wachen die Gebetsbücher auf.

Bauernregel

Januardonner überm Feld
bringt noch große Kält'.

Tip des Tages

Gegen Runzeln und Fältchen empfiehlt Großmutter eine Honig-
maske. Dazu wird ein Teelöffel Honig mit einem zu Schnee ge-
schlagenen Eiweiß und etwa 50 Gramm Gerstenmehl vermischt.
Die Maske wird dick aufgetragen und nach etwa zwanzig Minuten
Einwirkzeit mit warmem Wasser abgewaschen.

29. Januar

(Namenstag für Gerhard, Valerius, Arnulf und Aquilinus)

Bauernregel

Ist der Januar warm,
Gott erbarm.

Tip des Tages

Die Häutchen der Eierschale kann man als natürlichen Pflasterersatz
bei aufgeplatzter Haut verwenden.

30. Januar

(Namenstag für Martina, Serena, Aldegund, Maria und Bathild)

Bauernregel

Sind im Januar die Flüsse klein,
gibt's im Herbst 'nen guten Wein.

Tip des Tages

Die Blätter und Blüten des Thymians werden wegen ihrer wohltu-
enden Wirkung besonders bei der Behandlung von Keuchhusten und
Katarrhen geschätzt.

31. Januar

(Namenstag für Eusebius, Hemma, Wulfia und Johannes Bosco)

Bauernregel

Friert es hart auf Vigilius,
im März noch viel Kälte kommen muß.

Interessantes

Johannes Bosco (1815 bis 1888): Ordensgründer der Salesianer Don Boscos, Patron der Jugendlichen und Jugendseelsorger sowie der katholischen Verlage.

Tip des Tages

Zum Bleichen der Haare hat man sich bereits zu Großmutters Zeiten einer einfachen Methode bedient: Das Haar wird nach der Wäsche mit Zitronensaft eingerieben und dann ein Tuch um den Kopf gewickelt, damit der Saft einwirken kann. Nicht ausspülen.

Februar

Der Februar verdankt seinen Namen der Febronia, der römischen Göttin der Liebesleidenschaft, und erweist ihr alle Ehre, indem er seinen 14. Tag – den Valentinstag, volkstümlich auch Veltenstag genannt – dem Liebesglück von Frischverliebten und Ehepaaren widmet. Schmachtende Liebesbotschaften eines unbekannten Verehrers, Blumen und Süßigkeiten für die Angebetete ... Liebe macht erfinderisch – und den Geldbeutel an diesem Tag auch ein wenig schlanker. Schon die alten Römer wußten an diesem Tag, der der Göttin Juno, der Schutzpatronin von Ehe und Familie, gewidmet war, ihre Ehefrauen mit Blumengeschenken zu umgarnen. Einem alten Volksglauben zufolge wird ein lediges Mädchen demjenigen Burschen, der ihr an diesem Tag als erster über den Weg läuft, das Ja-Wort geben. Verständlich, daß die Burschen in aller Herrgottsfrühe ihrer Auserkorenen einen Blumenstrauß überreichten. Zart geknüpfte Liebesbande sollen bis in alle Ewigkeit halten, wenn man dem oder der Liebsten einige Salbeiblätter in die Schuhe legt. Auch gegen Liebeskummer, so will es der Volksmund wissen, ist übrigens ein Kraut gewachsen: Dillsamen, in die Tasche gesteckt, sollen den Herzschmerz lindern ...

1. Februar

(Namenstag für Sigibert, Birgit, Brigitte, Severus und Reginald)

Bauernregeln

> Die Bauern haben's gern,
> wenn im Februar Stürme fackeln,
> daß den Ochsen die Hörner wackeln.
>
> Der Februar hat seine Mucken
> baut von Eis oft Brucken.
>
> Weißer Februar stärkt die Felder.

Tip des Tages

Zwiebelschmalz, so verrät uns Großmutters Schatzkästlein, hilft bei Erkältungen. Dazu werden Zwiebelringe in Schweineschmalz goldbraun geröstet. Mit diesem Fett wird – möglichst über Nacht – ein heißer Umschlag auf Brust und Rücken gemacht.

2. Februar

(Namenstag für Alfred, Burkhard,
Hadelog, Alois, Maria und Katharina)

Bauernregeln

> Lichtmeß verlängert den Tag um 1 Stunde –
> für Menschen, Vögel und Hunde.

Scheint zu Lichtmeß die Sonne heiß,
gibt's noch sehr viel Schnee und Eis.

Sonnt sich der Dachs in der Lichtmeßwoch',
bleibt er vier Wochen noch im Loch.

Bringt Maria Reinigung Sonnenschein,
wird die Kält' noch größer sein.

An Lichtmeß fängt der Bauersmann
neu mit des Jahres Arbeit an...

Interessantes

Die obigen Weisheiten deuten auf einen wichtigen Tag im ländlichen Arbeitsrhythmus hin. Früher galt dieser meist mit gutem Essen gefeierte Tag als Beginn des neuen Arbeitsjahres auf Hof und Feld, an dem auch die Bediensteten – freiwillig oder unfreiwillig – die Stelle wechseln konnten. Ein fleißiger Knecht brauchte freilich den 2. Februar nicht zu fürchten: Wenn der Bauer ihm an diesem Tag eine Kerze überreichte, bedeutete dies, daß er für ein weiteres Jahr übernommen war.

Im Schein der an Lichtmeß geweihten Kerzen, so sagt es der Volksmund, sollen Haus und Hof von Krankheiten, Seuchen und Gewitter verschont bleiben. Vielerorts dokumentiert sich dieser Glauben am 2. Februar eindrucksvoll in herrlichen Lichterprozessionen.

3. Februar

(Namenstag für Blasius, Oskar, Ansgar und Michael)

Bauernregeln

St. Blas und Urban ohne Regen,
folgt ein guter Erntesegen.

St. Blasius stößt dem Winter die Hörner ab.

Interessantes

Sagenumwoben und von vielerlei Brauchtum umgeben, wird der heilige Blasius (Bischof von Sebaste) beispielsweise bei Halsschmerzen, Husten, Blasenkrankheiten oder Zahnschmerzen angerufen. Im deutschen Sprachraum ist deshalb – etwa seit dem 16. Jahrhundert – vielerorts auch der sogenannte »Blasiussegen« fest im Brauchtum verankert. Dabei werden zwei gekreuzte Kerzen vor den Hals des Gläubigen gehalten.

Eine besondere Bedeutung kommt dem heiligen Blasius im bäuerlichen Bereich als Wetterheiliger und Patron der Haustiere und Pferde zu. Danach soll der Blasiustag das Winterende bringen und sei – wenn Sturm, Hagel und Regen ausbleiben – als gutes Omen für die Erntezeit zu werten.

4. Februar

(Namenstag für Veronika, Rabanus Maurus, Gilbert, Isidor, Johanna, Christian)

Interessantes

Die beliebte und von Legenden umrankte Volksheilige Veronika (Patronin unter anderem der Leinenweber und -händler) wird auf Abbildungen stets mit einem großen Tuch, das das Antlitz Jesu zeigt, dargestellt. Nach altem Glauben soll Veronika eine Jüngerin des Herrn gewesen sein und ihn auf seinem Kreuzweg ein Schweißtuch gereicht haben.

5. Februar

(Namenstag für Agathe, Adelheid, Elke und Albuin)

Bauernregel

St. Agatha, die Gottesbraut,
macht, daß Schnee und Eis gern taut.

Interessantes

Nach einem alten Brauch wird an diesem Tag der heiligen Agatha (Schutzpatronin unter anderem gegen Hungerleiden, Unwetter, Feuersbrünste und Unglück) das Brot gesegnet. Auch trächtige Kühe vor dem Kalben und anderes Vieh wurde vor dem Auftrieb zur Hochweide mit kleinen geweihten »Agathabroten« aus Weizen, Roggen und Kleie gefüttert. Das geweihte Brot wurde in Krümel zerteilt und vom Bauern in alle Winkel des Hofes verstreut. So sollte es das Anwesen vor Feuer schützen.

6. Februar

(Namenstag für Paul, Dorothea, Amandus, Hildegund und Reinhild)

Bauernregeln

Bringt Dorothe recht viel Schnee,
bringt der Sommer guten Klee.

St. Dorothe gibt den meisten Schnee.

Interessantes

Aus einem christlichen Elternhaus stammend, teilte die junge und schöne Volksheilige Dorothea (um 300) das Schicksal vieler ihrer Zeitgenossinnen. Nach der Überlieferung traf Dorothea in einem verschmähten Liebhaber, dem heidnischen Statthalter Apricius, ihren Henker. Weil sie auf der Richtstatt immer wieder den Namen ihres himmlischen Bräutigams Jesus Christus rief, wurde Dorothea von dem römischen Rechtsanwalt Theophilus verspottet. Es hieß, er wolle sich sofort zum Christentum bekennen, wenn sie, Dorothea, ihm Blumen und Früchte aus dem Garten ihres Bräutigams schicken würde. Daraufhin soll ein Engel mit einem Korb voller Blumen und Obst erschienen und Theophilus bekehrt worden sein. Die beliebte Volksheilige gilt deswegen auch als Patronin der Gärtner, der Blumenhändler und der Bräute.

7. Februar

(Namenstag für Richard, Maria und Pius IX.)

Bauernregel

Heftige Nordwinde im Februar
vermelden ein fruchtbares Jahr.

Tip des Tages

Wenn der Februar zu lau ist, keimt die Saat zu früh auf, und späterer Frost kann dann sämtliche Vorarbeiten beim Säen und Pflanzen zunichte machen. Es empfiehlt sich deshalb, sicherheitshalber schon einige Abdeckplanen bereitzuhalten.

8. Februar

(Namenstag für Hieronymus, Emil, Elfriede [Josefina] und Philipp)

Bauernregel

Im Februar hat's der Bauer lieber,
der Wolf schaut zum Fenster rein, als die Sonne.

Tip des Tages

Bei Ohrenschmerzen schwören viele auf das Zwiebelsäckchen: Eine Zwiebel wird geschält und gewürfelt, in ein Taschentuch gewickelt und auf das schmerzende Ohr gelegt. Noch besser wirkt das Zwiebelsäckchen, wenn Sie zusätzlich eine Wärmflasche auflegen. Noch ein Tip zum Zwiebelschneiden: Tränen müssen nicht sein – waschen Sie einfach die Zwiebel vorher mit kaltem Wasser ab.

9. Februar

(Namenstag für Erich, Alto, Anna Katharina, Ansbert, Apollonia und Julian)

Bauernregel

Ist's an Apollonia feucht,
der Winter sehr spät entweicht.

Interessantes

Ab Februar läßt sich der abnehmende Wassermann-Mond gut für
häusliche Arbeiten nutzen, so sagt es der Hundertjährige Kalender.

10. Februar

(Namenstag für Wilhelm, Hugo von Fosses und Scholastica)

Bauernregel

Friert es nicht im Hornung ein,
wird's ein schlechtes Kornjahr sein.

Interessantes

Am Aschermittwoch beginnt die vierzigtägige Fastenzeit, die Buß-
zeit zur Vorbereitung auf die Osterfeier (Gotteslob 159). An diesem
Tag endet um Mitternacht das ausgelassene Treiben der Faschings-
zeit. Papst Gregor I. (590 bis 604) führte diesen Tag ein, nachdem
die Ausschweifungen immer mehr überhandgenommen hatten. Seinen Namen erhielt der Aschermittwoch vom Asche-Ritus, beim Seg-

nen wird den Gläubigen Asche auf die Stirn aufgetragen. Ursprünglich wurden die Häupter der öffentlichen Büßer mit Asche bestreut. Auch das Fischessen oder den mancherorts gepflegten Brauch des »Geldbeutelwaschens« (symbolischer Abschied von den irdischen Gütern?) verbindet man mit dem Aschermittwoch.

11. Februar

(Namenstag für Gregor II., Benno, Theodor und Anselm)

Bauernregel

Rauher Februar,
schöner August.

Tip des Tages

Will ein lästiger Schluckauf partout nicht weichen, sind die guten Ratschläge anderer gewiß. Sie reichen von »sich erschrecken lassen« bis zum »Luft anhalten«. Abhilfe soll auch die Einnahme einer Mixtur aus einem halben Teelöffel fein gehackter Pfefferminzblätter und einigen Tropfen Essig schaffen.

12. Februar

(Namenstag für Benedikt, Eulalia, Helmut und Humbelina)

Bauernregel

Eulalia im Sonnenschein,
bringt viel Apfel und Apfelwein.

Tip des Tages

Dünnes Haar? Als hilfreich hat sich Birkenwasser erwiesen, das man auch selbst herstellen kann. Dazu wird im Frühjahr ein Birkenast ausgekocht und der Sud in die Kopfhaut einmassiert.

13. Februar

(Namenstag für Gisela, Adolf, Christina, Jordan, Wiho, Kastor und Reinhild)

Bauernregel

Kalter Februar – gutes Roggenjahr.

Tip des Tages

Dreimal täglich ein Eßlöffel Honig soll nach Großmutters Erfahrungen Herz und Kreislauf stärken, die Haut reinigen und für eine gesunde Verdauung sorgen.

14. Februar

(Namenstag für Valentin, Cyrill und Methodius)

Bauernregeln

Kalter Valentin –
früher Lenzbeginn.

Hat's zu Sankt Valentin gefroren,
ist das Wetter lang verloren.

Interessantes

Seit dem 14. Jahrhundert erfreute sich am Tag der Liebes- und Brautleute in Belgien und Frankreich, später auch in Amerika, ein Brauch besonderer Beliebtheit: Per Losentscheid wurde ein Pärchen bestimmt, das für die Dauer eines Jahres eine Art »Verlobung« eingehen sollte. In dieser Zeit sollte »Valentin« dann nicht an Aufmerksamkeiten und netten Gesten gegenüber seiner »Valentine« sparen.

15. Februar

(Namenstag für Siegfried, Sigurd, Amarin, Elid und Drutmar)

Bauernregel

Wenn's im Februar regnerisch ist,
hilft's so viel wie guter Mist.

Tip des Tages

Müssen in diesen kalten Tagen bei Fingerhandschuhen die Finger ausgebessert werden, leisten als »Stopfei« entweder Murmeln oder Holzperlen gute Dienste.

16. Februar

(Namenstag für Juliana, Philippa und Pamphilus)

Bauernregel

Spielen im Hornung die Mücken,
gibt's im Heustall große Lücken.

Tip des Tages

Auch an unseren Händen geht die kalte Jahreszeit nicht spurlos vorüber. Oftmals rissig und spröde, verdienen sie jetzt besondere Beachtung. Sie werden wieder glatt und geschmeidig, wenn Sie sie abends vor dem Zubettgehen dick mit Glyzerin einfetten oder einfach mit Butter bestreichen.

17. Februar

(Namenstag für Lukas, Benignus und Evermod)

Bauernregel

Was der Hornung nicht will,
das nimmt der April.

Tip des Tages

Durch Schneelast angeknackste Äste sollte man nicht durch heftiges Schütteln oder gar mit einem plötzlichen Ruck von ihrem winterlichen Mantel befreien. Dabei entstehen nur weitere Risse, die für den Baum im Winter von großem Schaden sein können.

18. Februar

(Namenstag für Bernadette, Simon, Constantia und Angelicus)

Bauernregel

Friert's um Simeon ganz plötzlich,
bleibt der Frost nicht lang gesetzlich.

Interessantes

Vierzig Tage dauert die Fastenzeit. Vierzig – eine symbolische Zahl, die uns in der Bibel häufig begegnet: Jesus fastete vor Beginn seines öffentlichen Auftretens vierzig Tage, Moses blieb vierzig Tage auf dem Berge Sinai, die Sintflut dauerte vierzig Tage an. Die Fastenzeit dient zur geistlichen Erneuerung, zur Läuterung und Buße.

19. Februar

(Namenstag für Bonifatius, Irmgard und Hartwig)

Bauernregel

Der Februar muß stürmen und blasen,
soll das Vieh im Lenze grasen.

Tip des Tages

Gegen Appetitlosigkeit hilft ein Tee nach Großmutters Art aus Kümmel und Schafgarbe.

20. Februar

(Namenstag für Leo, Falko und Jordan)

Bauernregel

Der Februar ist ein eig'ner Kauz,
wenn's nicht gefriert, dann taut's.

Tip des Tages

Bei lästigem Seitenstechen beugen Sie sich einige Male tief nach vorne, lassen die Arme baumeln und atmen beim Aufatmen richtig durch.

21. Februar

(Namenstag für German, Petrus Damiani und Leodegar)

Bauernregel

Felix und Petrus zeigen an,
was wir 40 Tag' für Wetter ha'n.

Tip des Tages

Hat sich ein Staubkorn ins Auge verirrt, hilft es, an einer frisch geschnittenen Zwiebel zu riechen. Der Fremdkörper wird in der Regel »unter Tränen« hinausgeschwemmt.

22. Februar

(Namenstag für Petri Stuhlfeier, Margareta, Isabella, Johanna und Maria)

Bauernregel

Wenn's friert auf Petri Stuhlfeier,
friert's noch vierzehnmal heuer.

Tip des Tages

Rostflecken auf Textilien lassen sich mit einen Stück Würfelzucker entfernen: Zucker leicht anfeuchten und damit über den Fleck reiben, anschließend mit lauwarmem Wasser ausspülen.

23. Februar

(Namenstag für Romana, Willigis und Otto)

Tip des Tages

Flauschige Angorapullis sind warm und gehören in der kalten Jahreszeit zu den beliebtesten Kleidungsstücken. Damit man lange Freude an dem guten Stück hat und die Angorawolle flauschig bleibt, gibt man beim Waschen Glyzerin ins letzte Spülwasser.

24. Februar

(Namenstag für Matthias, Ida und Irmengard)

Bauernregeln

St. Mattheis hab' ich lieb,
denn er gibt dem Baum den Trieb.

Mattheis bricht das Eis –
hat er keins, so macht er eins.

Nebel im Februar
bringt Regen oft im Jahr.

Interessantes

In ländlichen Gegenden hat der Wetterheilige Apostel Matthias eine besondere Bedeutung: Alten Bauernregeln nach brachte der Matthias (Matthis-)Tag meist die Kälte...

Tip des Tages

Möhrensamen kann man bereits auf den Schnee streuen. Zusammen mit dem Schmelzwasser verschwindet er dann im Frühling in der Erde.

25. Februar

(Namenstag für Walburga und Adeltrud)

Bauernregel

Hätte der Februar Januars Gewalt,
ließ er frieren Jung und Alt.

Tip des Tages

Rotweinflecken lassen sich leicht beseitigen, wenn man den Fleck mit Salz bestreut, dann in kaltes Wasser taucht und den Fleck vor dem Waschen ausreibt.

26. Februar

(Namenstag für Adalbert, Mechthild und Gerlinde)

Bauernregel

Wenn die Februarsonne
den Dachs nicht weckt
schläft er im April noch fest.

Tip des Tages

Geflügel wird noch zarter, wenn Sie es vor dem Braten oder Kochen
mit Zitronensaft beträufeln.

27. Februar

(Namenstag für Markward, Dionysius, Adalbert, Otgar und Mechthild)

Bauernregel

Alle Monate im Jahr
verwünschen den schönen Februar.

Tip des Tages

Bei starkem Kopfweh schwörte man früher auf kaltes Wasser und
Kampfer: Reiben Sie sich von Kopf bis Fuß mit einem in kaltes Wasser getauchten Tuch ab, träufeln Sie etwas Kampfer auf Watte und
stecken diese ins Ohr.

28. Februar

(Namenstag für Roman, August und Silvana)

Bauernregel

St. Roman hell und klar
bedeutet ein gutes Jahr

Tip des Tages

Bei einer roten Nase greift man gern auf das folgende alte Hausrezept zurück: Ein bis zwei Teelöffel Thymianblätter und Walnußblätter zu gleichen Teilen, werden mit einer Tasse heißem Wasser überbrüht und anschließend abgesiebt. Dann eine Messerspitze Natron und einen halben Teelöffel Maisstärke dazugeben und alles verrühren. Mit der warmen Brühe die Nase waschen und auch die Nasenlöcher etwas einreiben. Diese Prozedur sollte häufig wiederholt werden.

29. Februar

(Namenstag für Auguste und Antonia –
in Schaltjahren auf den 28. Februar vorverlegt)

Bauernregel

Ende Februar
sind die Lerchen wieder da.

Interessantes

Seit dem Jahre 1582 gibt es den 29. Februar – aber nur alle vier
Jahre in den sogenannten Schaltjahren. Das sind diejenigen Jahre,
deren letzten beiden Ziffern ohne Rest durch vier teilbar sind. Ausnahmen bestätigen bekanntlich die Regel: Keine Schaltjahre sind die
»runden« Jahre, bei denen die Division durch 400 nicht aufgeht, also
1900, 2100 usw.

März

Wie kaum eine andere Volksweise im Jahreszeitenzyklus hat sich »Im Märzen der Bauer« in den Herzen von Jung und Alt einen festen Platz erobert. Die fröhliche Melodie steht als Sinnbild für die aufblühende Natur im Lenzmonat. »Im Märzen der Bauer die Rößlein einspannt« beschreibt das Ende der vom Winter erzwungenen Untätigkeit. Bäume, Blumen und Blätter erwachen aus ihrem Dornröschenschlaf, zarte Triebe recken sich den ersten Sonnenstrahlen entgegen. Der Bauer »ackert, er egget, er pflanzet und sät, und regt seine Hände gar früh und gar spät (…) und spart weder Arbeit, noch Mühe, noch Fleiß« – kurzum, er ist wieder in seinem Element.

1. März

(Namenstag für Albin, Rüdiger, David, Felix II. und Roger)

Bauernregel

Wenn es an St. Albin regnet,
gibt es weder Heu noch Stroh.

Tip des Tages

Wenn Sie dieser Tage Ihren Frühjahrsputz in Angriff nehmen,
könnte der folgende Tip aus Großmutters »Schatzkästchen« sicher-
lich von großem Nutzen sein: Putzen und desinfizieren Sie Ihre Wohnung buchstäblich in einem Aufwasch, indem Sie dem Putzwasser
Desinfektionsmittel oder einen Eßlöffel Terpentin zugeben.

2. März

(Namenstag für Karl den Guten, Agnes und Engelmar)

Nicht umsonst besagt eine Redensart: »Im März spart man Kerzen.«
Die Tage werden länger, und die Kraft der Sonnenstrahlen wird stär-
ker. Allzu warm sollte der März jedoch nicht ausfallen, geht aus dem
alten Bauernkalender hervor...

Bauernregeln

Läßt der März sich trocken an,
bringt er Brot für jedermann.

Taut's im März nach Sommerart,
bekommt der Lenz 'nen weißen Bart.

Tip des Tages

Dem Märzschnee wird im Volksmund eine geradezu wunderbare Wirkung als Allheilmittel im Haushalt, für die Haut und das Haar zugeschrieben. So soll Märzschnee beispielsweise gut gegen Sommersprossen und Flechten auf der Haut sein. Besprenkelt man Betten und Dielen damit, wird Ungeziefer abgehalten. Wäscht man sich das Gesicht mit gesammelter Märzschneeschmelze, dann soll das die Haut verschönern. Und nicht zuletzt soll Märzschnee beim Brotbacken ein wirksames Mittel gegen Schimmel sein.

3. März

(Namenstag für Titan, Kunigunde, Tobias, Friedrich, Innozenz und Liberat)

Bauernregeln

Kunigund macht warm von unt'.

Wenn's donnert an Kunigund,
bleibt das Wetter lange bunt.

Tip des Tages

Bei einer Mandelentzündung legen Sie beruhigende Umschläge aus Heilerde und Lehm auf, oder machen Sie kalte Essigwasserwickel.

4. März

(Namenstag für Kasimir, Rupert, Walburg und Humbert)

Philosophisches zum Tage

Wer die Zeit der Saat verschläft,
braucht in der Ernte nicht zu schwitzen.

Bauernregel

Ein heiterer März
erfreut des Bauern Herz.

Tip des Tages

Schwarzer Rettich hat es in sich: Geschält, in Scheiben geschnitten und mit Zucker bestreut, fängt er an zu »schwitzen«. Gegen Bronchitis nimmt man täglich vier bis sechs Eßlöffel von diesem Sirup ein. Er sollte jeden Tag neu angesetzt werden.

5. März

(Namenstag für Friedrich, Gerda, Olivia und Dietmar)

Bauernregeln

Friert es auf Virgilius,
im Märzen Kälte kommen muß.

Ist es um Lätare feucht,
bleibt der Ackerboden leicht.

Interessantes

Wenn auf ein Morgenrot ein schmutzgelbes Abendrot folgt, müssen Sie mit Regen rechnen, so sagt es jedenfalls der Hundertjährige Kalender.

6. März

(Namenstag für Fridolin, Mechthild und Nicolette)

Bauernregel

Mit ihren Herden wieder hin
ziehen die Schäfer an Fridolin.

Tip des Tages

Bei Magenkrämpfen bereitet man nach guter Großmutter-Art eine Teemischung aus Bitterklee, Baldrian, Pfefferminz- und Pomeranzenblättern – jeweils zu gleichen Teilen. Trinken Sie vor dem Essen eine Tasse. Als Vorbeugungsmaßnahme empfiehlt sich täglich eine Tasse warmer Hagebuttentee.

7. März

(Namenstag für Volker, Reinhard und Felicitas)

Bauernregel

Der März soll kommen wie ein Wolf
und gehen wie ein Lamm.

Interessantes

Perpetua, eine Römerin aus vornehmem Hause, und Felicitas, die Sklavin: zwei Frauen, die in Zeiten der Christenverfolgung und des Verbots der christlichen Taufe mutig und unbeirrbar ihren Weg beschritten und sich taufen ließen. Sie wurden deshalb zur Zeit des Kaisers Septimus Severus eingekerkert und am 7. März 202 (oder 203) in der Arena von Karthago den Raubtieren zum Fraß vorgeworfen. Als sie trotz schwerer Verletzungen überlebten, fanden beide durch einen Dolchstoß in den Hals den Tod. In der Ostkirche wird der Märtyrerinnen am 2. Februar und 4. März gedacht.

8. März

(Namenstag für Johannes von Gott, Eddo und Michael)

Bauernregel

Maulwurfhaufen im Märzen zerstreut,
lohnen sich zur Erntezeit.

Interessantes

Johannes von Gott (1495 in Portugal geboren), dessen Namenstag heute gefeiert wird, gründete um die Mitte des 16. Jahrhunderts im spanischen Granada ein Krankenhaus, aus dem sich dann der Orden der »Barmherzigen Brüder« entwickelte. Er ist Patron der Kranken, der Krankenhäuser und der Krankenpfleger.

Tip des Tages

Bei Müdigkeit und Erschöpfung wirkt das Einreiben der Schläfen mit Franzbranntwein erfrischend.

9. März

(Namenstag für Bruno, Dominikus und Barbara)

Bauernregel

> Sät man im März zu früh,
> ist's oft vergebene Müh'.

Tip des Tages

Alten Volksrezepten nach zu urteilen gilt Knoblauch als die »Wunderknolle« schlechthin: Ist eine Erkältung im Anmarsch, soll man eine Knoblauchzehe im Mund behalten – möglichst den ganzen Tag über. Knoblauch soll binnen fünf Minuten auch die hartnäckigsten Bakterien abtöten. (Vielleicht besuchen Sie nicht unbedingt an diesem oder dem nächsten Tag Ihren Zahnarzt ...)

Hier einige wirksame Mittel gegen Knoblauchatem: ein Glas Milch, Honig, Kaffeebohnen, Petersilie, Minze, Koriander und – Kaugummi.

10. März

(Namenstag für Silvia, Attala, Ämilian, Gustav und John)

Bauernregel

> An Vierzigritter kalter Wind,
> noch vierzig Tage windig sind.

Interessantes

Überlieferungen zufolge ließ man in Zeiten der Christenverfolgung unter Kaiser Licinius in einer eiskalten Nacht im Jahre 320 in Sebaste vierzig Soldaten der sogenannten römischen Donnerlegion aufgrund ihres christlichen Glaubens jämmerlich erfrieren.

11. März

(Namenstag für Rosina, Christoph, Ulrich, Heinrich und Rosamunde)

Philosophisches zum Tage

Was man den Armen gibt,
wächst in der Furche wieder.

Bauernregel

Die Biene zum Flug, den Gaul zum Pflug.

Tip des Tages

Nach Großmutters Tip glänzen die Armaturen in Bad und Küche wieder wie neu, wenn man sie mit Petroleum oder Zitronensaft abreibt und kräftig nachpoliert.

12. März

(Namenstag für Engelhard, Gregor den Großen, Beatrix und Innozenz)

Bauernregeln

Gregor zeigt dem Bauern an,
daß im Feld er säen kann.

Wenn Gregori fällt,
heißt's die Saat bestellt.

An Gregori öffnet der Frosch kein Maul.

Tip des Tages

Ein frisches Salbeiblatt in die Backentasche gelegt, wirkt vorbeugend gegen alle Infekte des Rachenraumes, heilt Mundbläschen und Zahnfleischentzündungen.

13. März

(Namenstag für Pauline, Leander und Judith)

Bauernregel

So viele Fröste im März,
so viele im Mai.

Tip des Tages

Dem Hausmief wird ganz entschieden die Tür gewiesen, wenn man kleine Leinen- oder Baumwolltücher mit Fichtennadelöl benetzt und dezent in der Wohnung verteilt.

14. März

(Namenstag für Mathilde, Einhard und Alfred)

Philosophisches zum Tage

Wer Gras mähen will, den dürfen
die Wiesenblumen nicht erbarmen.

Bauernregel

Wenn's auf kahle Bäume wittert,
kommt noch Kälte angeschlittert.

Tip des Tages

Kapuzinerkresse, hauptsächlich als Balkon- und Gartenpflanze bekannt, kann man ab März in Töpfen aufziehen, damit man während des Sommers und Herbstes stets auf einen Vorrat zurückgreifen kann. Mit dem Auspflanzen in den Garten sollte man allerdings bis nach den sogenannten Eisheiligen warten, da die Pflanze sehr kälteempfindlich ist. Um einer Grippe vorzubeugen, soll man täglich einige der jungen Blätter essen, besagt ein altes Volksrezept.

15. März

(Namenstag für Klemens, Luise, Zacharias und Pius)

Bauernregel

> Viel Tau im Monat März
> bringt Reif um Pfingsten,
> den Feldern Schmerz.

Tip des Tages

Kellerasseln, die sich auch gern im Kartoffelkeller aufhalten, kann man mit frischem, ausgehöhltem Kohlrabi aus den Verstecken locken. Die Asseln sammeln sich darin und können somit leicht entfernt werden.

16. März

(Namenstag für Heribert, Gummar und Jean)

Bauernregeln

> Wer will dicke Bohnen essen,
> darf des März nicht vergessen.

> Wer säet, eher er pflügt,
> dem fressen die Vögel die Samen.

Tip des Tages

Vergilbte Gardinen werden wieder weiß, wenn man beim Waschen der Seifenlauge eine Tasse Salz zugibt.

17. März

(Namenstag für Gertrud, Patrick und Konrad von Bayern)

Bauernregeln

Es führt St. Gertraud
die Kuh zum Kraut,
die Bienen zum Flug
und die Pferde zum Zug.

Sieht St. Gertrud Eis,
wird das ganze Jahr nicht heiß.

Interessantes

Die heilige Gertrud von Nivelles (gestorben 659), Patronin der Krankenhäuser, der Pilger und Reisenden, der Armen und Witwen, der Gärtner sowie der Feld- und Wiesenfrüchte, soll nach altem Glauben einst durch ihr Gebet einer Mäuse- und Rattenplage ein Ende gesetzt und dadurch die ganze Ernte ihres Landes gerettet haben.

18. März

(Namenstag für Sibylle, Eduard und Cyrill von Jerusalem)

Bauernregel

Donnert's in den März hinein,
wird der Roggen gut gedeihn.

Tip des Tages

Gegen Ameisen hilft das Auslegen einer halben Zitrone oder ganzer Gewürznelken an allen Eingängen sowie das Streuen von gemahlenem Zimt oder Kaffeesatz.

19. März

(Namenstag für Joseph von Nazareth, Alkmund und Isnard)

Bauernregeln

Ist es klar am Josephstag,
spart er uns viel Not und Plag'.

Joseph klar,
gibt's ein gutes Honigjahr.

Interessantes

Joseph von Nazareth, der Gemahl der Mutter Jesu, gehört zu den hochverehrten Figuren der Kirchengeschichte. 1870 wurde er durch Papst Pius IX. zum Schutzpatron der ganzen Kirche erhoben. In der christlichen Kunst wird der »Nährvater« Jesu gern mit dem Jesuskind und seinen Schreinerutensilien in der Werkstatt dargestellt.

Dem Bauernkalender nach soll mit dem sogenannten »Josefitag« der Frühling einziehen:

Wenn einmal Josefi ist,
endet der Winter ganz gewiß.

20. März

(Namenstag für Wolfram, Irmgard, Johannes und Claudia)

Bauernregel

Der liebe März nimmt den Pflug am Sterz.

Tip des Tages

Gegen Läuse – bei Menschen oder Pflanzen – hat sich folgende Mixtur gut bewährt: Knoblauch wird zerdrückt, in Öl etwa eine halbe Stunde langsam gekocht, dann durch ein Sieb gegeben und mit etwas Honig oder Zucker vermischt. Bei Kopfläusen wird die stinkende Tinktur in die Haare gerieben und ein Tuch darum gewickelt. Die Haare anschließend gründlich waschen!

Im Garten wird die Lösung einfach auf die befallenen Pflanzen und Sträucher gesprüht.

21. März

(Namenstag für Eugen, Christian und Benedikt von Nursia)

Bauernregeln

Zum St. Benedikt lieber eine Ziege
tot im Stall als Rauhreif an den Tannen.

Auf St. Benedikt achte wohl,
daß man Hafer säen soll.

St. Benedikt
macht die Möhren dick.

Tip des Tages

Polierte Möbel lassen sich ganz einfach mit einem Brei aus Kartoffelmehl und Öl auffrischen. Nachpoliert mit einem trockenen Tuch, entpuppt sich Großmutters Tip als wahrlich glänzende Idee.

22. März

(Namenstag für Reinhilde, Rita und Lea)

Bauernregel

Dem Golde gleich ist Märzenstaub,
er bringt uns Kraut und Gras und Laub.

Tip des Tages

Make-up läßt sich abends mit Avocadoöl gut wieder entfernen. Ein weiterer Vorteil: Es pflegt die Haut gleich mit. Generell gilt, daß das Gesicht nach dem Abschminken gründlich gereinigt werden sollte, damit auch die letzten Reste des Make-ups verschwinden.

23. März

(Namenstag für Rebekka, Toribio, Merbot und Otto)

Bauernregel

Auf einen starken Märznebel
fällt 100 Tage drauf ein Gewitter.

Tip des Tages

Wer unter Akne leidet, sollte auf jeden Fall der Versuchung durch Schokolade und andere Süßigkeiten widerstehen.

24. März

(Namenstag für Elmar, Erzengel Gabriel und Katharina)

Bauernregel

Wer seinen Mist will verscherz',
der muß fahren im März.

Interessantes

Das Osterlamm als traditionelles Symbol des Glaubens war schon im Altertum das bedeutendste Opfertier, das Zeichen der Unschuld und Reinheit. Diesen symbolischen Wert hat es für Juden und Christen gleichermaßen bis heute behalten. So essen die Israeliten Lamm zum Passahfest, das zeitlich mit Ostern zusammenfällt, und erinnern damit an den Auszug ihres Volkes aus Ägypten. Die symbolische Bedeutung des Lammes haben die Christen später auf Jesus übertragen. Als Lamm Gottes erinnert es an die Leiden und Auferstehung Christi.

25. März

(Namenstag für Jutta, Prokop und Ancilla)

Bauernregeln

Ist Marien schön und hell,
gibt's viel Obst auf alle Fäll'.

Lein, gesäet Marientag,
wohl dem Nachtfrost trotzen mag.

Dem Golde gleich ist Märzenstaub,
er bringt uns Kraut und Gras und Laub.

Märzenblüte ist nicht gut,
Aprilblüte ist halb gut,
Marienblüte (25. März) ist ganz gut.

Interessantes

Das heutige Fest der »Verkündigung des Herrn«, auch »Mariä Verkündigung« genannt, ist eines der ältesten Marienfeste (bekannt seit Mitte des 6. Jahrhunderts). An diesem Tag – neun Monate vor Weihnachten – soll der Erzengel Gabriel Maria die Ankunft des Erlösers angekündigt haben.

Das Datum fällt in die Zeit des Frühlingsanfangs, zu welchem man auch die Schwalben als Frühlingsboten freudig willkommen heißt:

Wenn Mariä sich verkündet,
Storch und Schwalbe heimwärts findet.

26. März

(Namenstag für Stefanie, Larissa, Liudger und Kastulus)

Bauernregel

Eggenstaub und Winterfrost
machen den Bauern wohlgetrost.

Interessantes

Larissa starb, der Legende nach, auf Geheiß eines Gotenfürsten
während des Gottesdienstes. Die Wurzeln ihrer Verehrung in der
griechischen Kirche greifen tief in die Vergangenheit.

Tip des Tages

Der fälschlicherweise als Unkraut verschriene Löwenzahn enthält
die Vitamine B und C sowie Karotin und andere Wirkstoffe. Ein Tee
aus seinen Wurzeln wirkt blutreinigend, ein Salat aus seinen jungen
Blättern schmeckt vorzüglich.

27. März

(Namenstag für Haimo, Ensfrid und Rupert von Salzburg)

Bauernregel

Ist an Rupert der Himmel rein,
so wird er's auch im Juni sein.

Tip des Tages

Die Gänseblümchen, die nun allerorten ihre Blütenkraft entfalten, fanden schon in alten Zeiten ihren Weg in die Küche. Aus frischgepflückten Gänseblümchenknospen lassen sich beispielsweise herrlich würzige Gänseblümchen-Kapern zaubern: Die Knospen werden gewaschen und 24 Stunden in konzentriertes Salzwasser eingelegt, danach abgegossen, abgespült und in Gläser gefüllt. Darüber gibt man reichlich Kräuteressig.

28. März

(Namenstag für Ingbert, Guntram, Gundelind, Wilhelm und Johann Kapistran)

Philosophisches zum Tage

Einem faulen Bauer
ist kein Pflug gut genug.

Bauernregel

März-Ferkel, März-Fohlen,
alle Bauern haben wollen.

Tip des Tages

Gegen aufgesprungene Lippen kann helfen, wenn man sie mit Sahne oder ungesalzener Butter einreibt.

29. März

(Namenstag für Berthold, Ludolf von Ratzeburg und Gladys)

Bauernregel

... wie dieser Tag, so der Frühling.

Tip des Tages

Nach Großmutter-Art können Sie Ihr Trockenshampoo selbst herstellen: Dazu vermischen Sie einen Teelöffel Salz und eine halbe Tasse Maismehl oder Speisestärke. Füllen Sie die Mischung am besten in einen Salzstreuer mit großen Öffnungen, bestreuen die Haare und kämmen sie danach wieder gründlich aus.

30. März

(Namenstag für Roswitha, Patto, Diemut, Dodo und Quirin)

Bauernregel

... wie dieser Tag, so der Sommer.

Tip des Tages

Sonne schadet den Federbetten. Niemals in der prallen Sonne auslüften, dann werden die Federn brüchig.

31. März

(Namenstag für Benjamin, Kornelia, Goswin, Lambert, Heinrich,
Klemens und Guido)

Bauernregeln

... wie dieser Tag, so der Herbst.

Der März geht aus, wie er geht ein –
das End' wird wie der Anfang sein.

Wenn der März nicht tut, was er soll,
ist der April mit Launen voll.

Interessantes

Und das sagt der Hundertjährige Kalender: Kräht der Hahn auf dem
Mist, ändert sich das Wetter – kräht er auf dem Hühnerhaus, hält das
Wetter die Woche aus.

April

Natura non facit saltus – die Natur macht keine Sprünge. Ausnahmen bestätigen bekanntlich die Regel, und im Jahreszeitenwechsel hält sich der Ostermonat April eindeutig nicht an diese lateinische Redewendung. Launenhaft wechselt er sein Wettergewand von strahlend sonnig bis trüb und regnerisch, was ihm den typischen Ruf bescherte: »Der April ist ein launischer Gesell', bald ist er trüb, bald ist er hell.«

Düster heraufziehende Regenwolken dürften in diesem Monat nur Wasserscheue unter schützende Schirme und Kapuzen oder zurück ins Haus treiben, wohingegen sich Land- und Forstwirte, Winzer und Gärtner davon nicht abschrecken lassen. Schließlich künden »Aprilensturm und Regenwucht von Wein und guter Frucht«. Brennessel und Schnecke in diesem Monat im Garten lassen nach alter Bauernregel auf eine gute Ernte hoffen. Nichtsdestotrotz schüttet es so manches Jahr im April viel zuviel und zu lange wie aus Kübeln, und dann muß leider auch die Arbeit auf dem Feld und im Garten »ins Wasser fallen«.

1. April

(Namenstag für Irene, Agape, Chionia, Hugo von Grenoble und Cäsarius)

Bauernregeln

Den ersten April mußt überstehn,
dann kann dir manch Gut's geschehn!

Säen am 1. April, verdirbt den Bauern mit Stumpf und Stiel.

Interessantes

»April, April!« – der Tag der Zeitungsenten, Falschmeldungen und jeder Menge Schabernack. Angeblich existiert der Brauch, andere Menschen »in den April zu schicken«, bereits seit dem 17. Jahrhundert – frei nach dem deutschen Sprichwort: »Wer Scherz ausgeben, muß Scherz einnehmen.« Dazu ein – wenn auch schwacher – Trost des Volksmunds: »Es sind nicht alles Narren, die in den April geschickt werden.«

2. April

(Namenstag für Franz von Paula, Rosamunde, Eustasius, Thetwif und Sandrina)

Der heute munter um seine Achse rotierende Wetterhahn auf dem Dach will sagen:

Bauernregel

Bringt Rosamund Sturm und Wind,
so ist Sibylle (29. April) uns gelind.

Tip des Tages

Wer rechtzeitig im Jahr mit der Aussaat und dem Pflanzen begonnen hat, wird nun belohnt, denn:

>>Der April macht die Blum',
der Mai hat den Ruhm.<<

In Blüte stehen jetzt beispielsweise Goldlack (Cheiranthus cheiri), Hungerblümchen (Draba rigida), Kaiserkrone (Fritillaria imperalis) und natürlich die Osterglocke (Narcissus pseudonarcissus). Bei den Gartensträuchern erwachen Berberitze, Besenginster oder Spierstrauch, bei den Zierbäumen die Japanische Blütenkirsche farbenfroh aus ihrem Winterschlaf.

3. April

(Namenstag für Christian, Luidbirg, Thiento, Richard von Chichester und Elisabeth)

Philosophisches zum Tage

Aus grobem Hanf läßt
sich keine Seide spinnen.

Bauernregel

Wer an Christian säet Lein,
bringt schönen Flachs in seinen Schrein.

Interessantes

Der sogenannte nützliche Flachs hat seinen Namen wohl zu Recht. Beispielsweise können aus den Stengeln Fasern für Textilien gewonnen werden, das aus ihm gewonnene Leinöl hat sich in der Naturmedizin, in der Ernährung und ebenso als Basis für Farben, Lacke und Schutzanstriche bestens bewährt. Unter den gebräuchlichen Pflanzenölen enthält Leinöl den höchsten Anteil an essentiellen Fettsäuren und des für den Stoffwechsel wichtigen Selens. Flachs wird übrigens nicht gemäht, sondern gerauft, sprich ausgerissen, um möglichst lange Fasern zu gewinnen.

4. April

(Namenstag für Isidor von Sevilla, Konrad, Heinrich und Ambrosius)

Der Tag des heiligen Ambrosius ist mit einer Fülle von Bauernweisheiten gesegnet – hier eine kleine Auswahl...

Bauernregeln

Sankt Ambrosius
man Zwiebeln säen muß.

Der heilige Ambrosius
schneit oft dem Bauern auf den Fuß.

Erbsen säe Ambrosius
so tragen sie reich
und geben Mus.

Ist Ambrosius schön und rein,
wird St. Florian milder sein.

Tip des Tages

Großmutters »Rachenputzer« bei Husten und Halsweh: eine Mixtur aus fünf Eßlöffeln Honig, einem Eigelb, einem Eßlöffel Olivenöl und einem Weinglas voll Rum. Alles gut vermischen und ab und zu davon nippen.

5. April

(Namenstag für Vinzenz, Kreszentia und Juliana)

Bauernregel

Ist St. Vinzenz Sonnenschein,
gibt es vielen guten Wein.

Interessantes

Viele Bauernregeln beziehen sich auf ein ganz bestimmtes Datum. Der fromme Bauernstand orientierte sich an Namens-Feiertagen, die seinen Arbeits- und Ruherhythmus das ganze Jahr über prägten. Allerdings wurde dabei nur in den seltensten Fällen den in diesem Zusammenhang genannten Heiligen, wie im obigen Beispiel dem heiligen Vinzenz, eine eindeutige Prophezeiung zugeschrieben. Am 5. April, dem sogenannten Lostag, soll sich, so die Überlieferung, das Schicksal der künftigen Wetterentwicklung entscheiden.

6. April

(Namenstag für Wilhelm, Petrus, Methodius und Notker)

Philosophisches zum Tage

Fohlen und Burschen
brauchen einen kurzen Zaum.

Bauernregel

Bläst der April mit beiden Backen,
gibt's genug zu jäten und zu hacken.

Interessantes

Zuweilen pflegen katholische Landgemeinden noch heute am Gründonnerstag den Brauch der sogenannten »Ölbergwache«. Diese nächtliche Gebetswache auf einer Anhöhe soll an den inneren Kampf Jesu auf dem Berg Gethsemane, den Verrat durch Judas und die Gefangennahme des Herrn erinnern.

Tip des Tages

Ein Zitronenbad gilt als Balsam für gereizte und überspannte Gemüter. Dazu werden sechs Zitronen samt Schale in Scheiben geschnitten und einige Stunden in ein kaltes Wasserbad gelegt. Diese Lauge wird anschließend durch ein Sieb ins Badewasser gegossen. Das Bad beruhigt die Nerven.

7. April

(Namenstag für Johann Baptist, Hermann Joseph und Burchard)

Sollte uns im April nochmals die weiße Pracht heimsuchen, kann's der Landwirtschaft nur recht sein:

Bauernregel

Aprilschnee ist Grasbrüter.

Interessantes

Ob mit Schnee zu Ostern zu rechnen ist, meint der Volksglauben schon in der närrischen »fünften Jahreszeit« voraussagen zu können. Gab es bis dahin keinen Schnee, kommen die dicken Flocken angeblich zur Osterzeit.

Tip des Tages

Vor dem Pflanzen sollten die Wurzeln von Stauden auf etwa acht bis zehn Zentimeter, höchstens aber um ein Drittel gekürzt werden. Sie setzen dann besser neue Wurzeln an.

8. April

(Namenstag für Walter, Manegold und Beata)

Bauernregel

Wenn's viel regnet am Amantiustag,
ein dürrer Sommer folgen mag.

Interessantes

Die Mystik des Ostereis verdient in diesen Tagen eine genauere Betrachtung. Mancherlei Brauch entstammt wohl der Zeit, in der die Naturalienabgaben an die Lehnsherren zu Ostern fällig waren. Sie erhielten am Gründonnerstag eine festgelegte Anzahl an Zinseiern, mit denen die fällige Pacht und die ebenfalls zu entrichtenden Löhne bezahlt wurden. Um die Zinseier für den Gutsherrn und diejenigen für den Eigenverbrauch auseinanderzuhalten, wurden die »Ostereier« vom Bauern farblich gekennzeichnet.

9. April

(Namenstag für Waltrud, Kasilda und Konrad I.)

Bauernregeln

Wenn du vorm Blitz nur sicher bist,
der Regen schadet nicht.

Donner im April
viel Gutes künden will.

Interessantes

Im Volksglauben wird den im Frühjahr, insbesondere an Gründonnerstag und Karfreitag gelegten Eiern eine besonders gesundheits- und fruchtbarkeitsfördernde Wirkung zugeschrieben. Frisch aus dem Nest genommen, wurden diese Eier auch über das Haus geworfen, sollten unbeschadet auf der anderen Seite aufgefangen werden und dadurch das Anwesen ein Jahr vor Blitzeinschlag bewahren.

Tip des Tages

Mäuse meiden den Holunder. Vergorener Holundersaft auf bisher vorzugsweise befallene Stellen gegossen, hält die lästigen Nager auf gehörigem Abstand.

10. April

(Namenstag für Hulda, Eberwin, Engelbert und Gerold)

Philosophisches zum Tage

Wenn der Bauer zecht,
nimmt sich Zeit der Knecht,
guckt die Magd zum Fenster raus,
spielt die Katze mit der Maus.

Bauernregel

Leinsamen säen an St. Ezechiel,
dem 100. Tag nach Neujahr,
so gedeiht er wunderbar.

Tip des Tages

Ein Tip für die Galle aus Großmutters Schatzkästchen: Ein Löffel frisch geriebener Meerrettich, eine Stunde vor dem Essen vermischt mit etwas Sauerrahm eingenommen, erleichtert den Gallenabfluß.

11. April

(Namenstag für Stanislaus, Hildebrand, Gemma und Reiner)

Bauernregel

April trocken –
macht die Keime stocken.

Tip des Tages

Freitags Fisch zum Mittagessen – da kann es schon einmal vorkommen, daß einem eine Fischgräte im Hals steckenbleibt. Bewährt hat sich in diesem Fall der reichliche Genuß von Sauerkraut.

12. April

(Namenstag für Zeno, Herta und Julius)

Bauernregel

Je eher im April der Schlehdorn blüht,
desto früher der Bauer zur Ernte zieht.

Interessantes

Eierschalen hatten in der Osterzeit früherer Tage eine besondere Bedeutung: Das Verstecken der geweihten Eierschalen sollte Unglück abwenden und böse Geister vertreiben. Landwirte legten mancherorts die Eierschalen auf die Felder, um Hagelschlag auf die junge Saat abzuwehren, oder auf die Kornkammer, um Mäuse vom Getreide fernzuhalten.

Tip des Tages

Wenn's zwischen den Zehen juckt, sollte man die Füße mit Kräuteressig abreiben. Dies soll auch schon gegen Fußpilz geholfen haben.

13. April

(Namenstag für Martin I., Paulus, Paternus, Ida und Hermengild)

Philosophisches zum Tage

So wie man ißt,
so schafft man auch.

Bauernregel

Donner im April
ist des Bauern Will'.

Tip des Tages

Bei trockener Haut empfiehlt sich ein Buttermilchbad nach altem Hausrezept: Dafür fügt man dem Badewasser rund drei Liter Buttermilch und eineinhalb Tassen Honig hinzu. Um die Wirkung zu verstärken, kann man, bevor man ins Badewasser steigt, den ganzen Körper mit Oliven- oder Mandelöl einreiben.

14. April

(Namenstag für Hadwig, Tiburtius, Ernestine und Lidwina)

Bauernregeln

An Tiburtiustag
alles grünen mag.

Tiburtius kommt mit Sang und Schall,
er bringt den Kuckuck und die Nachtigall.

Tip des Tages

Unser Tip für Hobbygärtner aus Großmutters Trickkiste: Die im April aufblühende Kaiserkrone ist ein wirksames Mittel gegen Mäuse im Garten. Die Plagegeister ergreifen bei dem unangenehmen Geruch, den die Zwiebeln dieser prachtvollen Pflanze verströmen, schnell die Flucht.

15. April

(Namenstag für Huna und Nidker)

Bauernregel

Am 15. April der Kuckuck singen soll,
und müßte er singen aus einem Baum, der hohl.

Tip des Tages

Neue Besen kehren bekanntlich gut – und länger, wenn man sie vor Gebrauch einige Zeit in Salzwasser stellt.

16. April

(Namenstag für Benedikt, Josef und Bernadette)

Bauernregel

Aprildürre macht jede Hoffnung irre.

Interessantes

April – ein Monat, der im Mittelhochdeutschen den treffenden Namen »Keimmond« erhielt: Die Bäume schlagen aus, der Pflanzensaft schießt wieder hoch in Stämme, Stengel und Blätter. Allenthalben wird eifrig gesät, was – wenn das Wetter mitspielt – den segensreichen Grundstock für ein gutes Erntejahr bildet. Romantische Seelen mögen sich an mondhellen Nächten im April ergötzen – dem Hobbybotaniker treiben sie eher die Sorgenfalten auf die Stirn. Diese oft kalten Nächte schaden nämlich der Baumblüte. Wohingegen »im April ein Schauer Schnee, keinem Dinge tut er weh«. Die dicken Flocken legen sich gleichsam wie ein schützender Mantel über Feld und Frucht.

17. April

(Namenstag für Eberhard, Rudolf und Max Joseph)

Bauernregel

Blüht im April der Maulbeerbaum,
gibt es Kälte und Frost noch kaum.

Tip des Tages

Früher gab es beileibe nicht die Auswahl an Haarpflegemitteln, die heutzutage die Regale der Drogerien füllen. Man mußte daher der Natur manches Geheimnis für die Schönheit abringen, beispielsweise die belebende Wirkung von frisch abgekochtem Thymian und Brennessel als Haarwasser.

18. April

(Namenstag für Herluka und Wiggo)

Bauernregel

Nasser April – blumiger Mai.

Interessantes

Manchmal wurden die Schalen geweihter Ostereier in ein Stück Schwarzbrot gedrückt und dem Vieh verfüttert, das dadurch von der Krankheit »Druse« verschont bleiben sollte. Oder man legte bei Hochzeiten der Braut die Eierschalen ins Kleid: Kinderreichtum war die erhoffte Folge.

Tip des Tages

Bei Schnitt- und Brandwunden vertraute man früher gern auf die antiseptische Wirkung der Zwiebel. Dazu wird das feine Häutchen, das zwischen den einzelnen Zwiebelschichten wächst, auf die Wunde gelegt. Darüber kann ein Gazeverband angelegt werden.

19. April

(Namenstag für Leo IX., Gerold, Autbert, Friedrich und Werner)

Philosophisches zum Tage

Bauernschweiß ist der beste Dung.

Bauernregel

Wenn im April
die Maikäfer fliegen,
bleiben die meisten im
Schmutz später liegen.

Tip des Tages

Die Blüten der Krokusse werden, sehr zum Ärger des Blumenfreundes, der sich über die ersten Frühlingsboten freut, gern von Amseln zerrupft. Ein Tip: Tröpfeln Sie etwas Kampferöl in die Blüten – das schreckt auch den hartnäckigsten Vogel ab.

20. April

(Namenstag für Wilhelm, Odette, Hildegund und Wiho)

Philosophisches zum Tage

Auf dem Acker ist kein besserer Mist,
als der an des Herren Stiefeln ist.

Bauernregel

Aprilenwärme und Regen
machen den Schnecken die Wege.

Tip des Tages

Die persönliche Duftnote kommt besser zur Geltung, wenn Sie nach
dem Haarewaschen einen Hauch Ihres Parfüms in das getrocknete
Haar sprühen.

21. April

(Namenstag für Anselm und Konrad)

Bauernregel

Der April ist ein Freiherr,
er gibt Regen und Schnee her.

Tip des Tages

Für einen schönen Kußmund massieren Sie Ihre Lippen hin und wieder mit einer Zahnbürste und Salz. Anschließend Glyzerin auftragen,
das hält die Lippen geschmeidig.

22. April

(Namenstag für Kajus, Wolfhelm und Meingoz)

Bauernregel

Aprilschnee ist der Dünger der Armen.

Tip des Tages

Kalte Kompressen mit schwarzem Tee galten schon zu Großmutters Zeiten als bewährtes Mittel gegen müde Augen.

23. April

(Namenstag für Georg, Adalbert, Gerhard und Pusinna)

Bauernregeln

Gewitter am St.-Georgs-Tag
ein kühles Jahr bedeuten mag.

Zu St. Georg soll sich's Korn so recken,
daß sich kann eine Krähe verstecken.

Interessantes

Georg, der hochverehrte und sagenumwobene Patron der Ritterorden, Reiter und Soldaten, der Bauern, Pferde und des Viehs, soll dereinst die Tochter des Königs aus den Fängen eines Drachen gerettet, das Untier aber erst getötet haben, nachdem das Volk sich bereiterklärt hatte, sich von ihm taufen zu lassen.

Nicht mehr aus dem bäuerlichen Leben wegzudenken ist die Regel, daß vom Georgstag an die Felder nicht mehr betreten werden dürfen, daß die Dienstboten ihre Dienstherren wechseln dürfen und in besonderer Weise der Pferde gedacht wird. Ein Stück Zucker oder eine Rübe extra sollten schon drin sein...

24. April

(Namenstag für Fidelis, Mellitus, Marian, Theodor und Karl)

Bauernregel

Wenn's friert an St. Fidel,
bleibt's 15 Tag' noch kalt und hell.

Interessantes

Ein rotes Osterei ist etwas Besonderes. Weit über das Mittelalter hinaus war Rot die dominierende Eierfarbe, Symbol des Blutes, der Liebe, des Sieges und der Königswürde. Sogar bei den alten Chinesen und Ägyptern waren gefärbte Eier bekannt, und die Perser nannten ihr Neujahrsfest im Frühling das »Fest des roten Eis«. Roten Eiern wurde nachgesagt, daß sie mit dem Blut Christi gefärbt seien. Wer beim Eiersuchen als erster ein rotes Ei fand, sollte drei Tage lang glücklich sein.

Tip des Tages

Wenn ein Kleidungsstück mit einem Flicken ausgebessert werden soll, muß dieser vorher erst gewaschen werden, um ein späteres Einlaufen zu verhindern.

25. April

(Namenstag für Markus, Ermin, Hermann I. und Franka)

Bauernregeln

So lange die Frösche vor Markus Konzerte veranstalten,
so lange müssen sie nachher die Mäuler halten.

Leg erst nach Markus Bohnen,
er wird's dir reichlich lohnen.

Gibt's an Markus Sonnenschein,
so bekommt man guten Wein.

Interessantes

Die Insel Reichenau feiert ihren Schutzheiligen Markus, auch Patron
der Schreiber und Notare, in unregelmäßigen Abständen mit dem
sogenannten Markusfest, bei dem unter anderem auch eine Prozession über die Insel stattfindet. Der heilige Markus gilt als Patron für
gutes Wetter und gute Ernte, gegen Blitz und Hagel, was erklärt, daß
der Wetterverlauf an dem nach ihm benannten Lostag genauestens
von den Bauern beobachtet wurde.

Tip des Tages

Oftmals lassen sich verfilzte Wollsachen noch retten, wenn man sie
nach einer Feinwäsche in einem handwarmen Sud aus weißen Bohnen spült.

26. April

(Namenstag für Kletus, Richarius, Ratbert und Helene)

Philosophisches zum Tage

Höflich und bescheiden sein
kostet nichts und bringt viel ein.

Bauernregel

Auf des heiligen Peters Fest
sucht der Storch sein Nest.

Tip des Tages

Bei schönem Wetter an diesem Tag legt uns der volkstümliche Aussaatkalender auch das Säen von Kohl und Erbsen ans Herz.

27. April

(Namenstag für Petrus Kanisius, Tutilo und Zita)

Bauernregel

Hat St. Peter das Wetter schön,
kannst du Kohl und Erbsen sä'n.

Tip des Tages

Viele Blumenzwiebeln, die vorzugsweise die Speisekarte der Feldmäuse bereichern, lassen sich wirkungsvoll gegen die Nager schützen, wenn man sie vor dem Einpflanzen mit einem dünnen Drahtgeflecht umgibt.

28. April

(Namenstag für Pierre, Adaldag und Hugo)

Bauernregel

Friert's am Tag von St. Vital,
friert's wohl noch fünfzehnmal.

Interessantes

Für sein launisches Verhalten ist der April berüchtigt. Sollte sich nach dem alten Bauernkalender plötzlich gute Sicht einstellen, deutet dies auf eine Wetterverschlechterung, in den Alpen sogar auf einen Wettersturz hin.

Tip des Tages

Ein altes Hausrezept empfiehlt gegen Rheuma täglich ein Glas Tee aus Bohnenschalen.

29. April

(Namenstag für Katharina von Siena, Sibylle, Roswitha, Irmtrud und Theoger)

Philosophisches zum Tage

Betrachten wir den April noch kurz von einer anderen Warte aus: Glaubt man dem Volksmund, gibt es in diesem Monat verblüffende Parallelen zur menschlichen Natur: »Bald trüb und rauh, bald licht und mild, ist der April des Menschen Ebenbild.« Beispielsweise wechseln »jeden Augenblick, Aprilwetter und Kartenglück.« Auch die holde Weiblichkeit bleibt nicht verschont, denn es heißt: »April-wetter und Weibertreu', das ist immer einerlei.«

Bauernregel

April und Mai fürwahr
sind die Schlüssel zum ganzen Jahr.

30. April

(Namenstag für Pius V., Hulda [Hilde], Heimo, Rosamunde und Bernhard II.)

Bauernregel

Der April zählt 30 Tage,
doch regnete es 31,
es würde nicht schaden.

Tip des Tages

Sollte einmal beim Fischessen eine kleinere Gräte im Hals quer lie-gen bleiben, kauen Sie ein Stück Weißbrot gründlich und würgen es dann hinunter.

Mai

In der Nacht vom 30. April auf den l. Mai geht es draußen nicht mit rechten Dingen zu: Dem Volksglauben nach treiben im Schutz der Dunkelheit zwielichtige Gestalten, Kobolde und Hexen ihr Unwesen — es ist die sogenannte Walpurgisnacht, in der die Hexen auf ihren Besen zum Blocksberg reisen. In dieser Nacht soll man schon liebliche Maimädchen und lustige Masken ums Feuer tanzen gesehen und im dunklen Tannenwald wildes Geschrei gehört haben. Aus dieserart Volksglauben hat sich in Kombination mit überlieferten Bräuchen zum Frühlingsanfang — wie Rauchfeuer und Peitschenknallen zum Vertreiben böser Geister — viel Schabernack entwickelt: In manchen Regionen machen sich die jungen Burschen zum Beispiel einen Spaß daraus, des Nachbarn Gartentörchen auszuhängen, einer verbiesterten Frau des Nachts einen Besen vor die Pforte, einer schönen und anbetungswürdigen Maid jedoch einen wunderschönen, mit bunten Bändern und Herzen geschmückten Maibaum vor die Tür zu stellen.

1. Mai

(Namenstag für Augustin, Markulf, Arnold, Sigismund und Pius V.)

Interessantes

In ländlichen Dorfgemeinschaften folgt man gerne einem uralten Brauch: dem Aufstellen des Maibaumes. Die Frauen schmücken den prächtigen Maibaum mit bunten Bändern, Tannenzweigen und den Wappen und Abzeichen sämtlicher ortsansässiger Vereine, ein Symbol der jeweiligen dörflichen Gemeinschaft. Heutzutage wird der Maibaum meist im Dorfzentrum, auf dem Marktplatz oder auf der Festwiese aufgestellt, eine Attraktion, die alle Mitglieder der Dorfgemeinschaft seit jeher anzieht. Wehe den Burschen, die früher versuchten, den Maibaum aus dem Nachbardorf zu stibitzen. Sie riskierten, einmal in die Fänge der eigens an diesem Abend postierten Maibaum-Wache geraten, schlimme Prügel. In vorwiegend katholisch-ländlichen Gegenden ist auch der Brauch der feierlichen Prozession ins Feld nie in Vergessenheit geraten. Seit im Jahre 1890 erstmals Arbeiter für mehr soziale Gerechtigkeit demonstrierten, wird der 1. Mai international als »Tag der Arbeit« gefeiert.

Bauernregeln

Auf Philippi und Jakob (1. Mai) Regen,
folgt ein großer Erntesegen.

Windet's am 1. Mai,
dann das ganze Jahr.

2. Mai

(Namenstag für Athanasius, Wiborda, Liuthard, Boris und Konrad)

Philosophisches zum Tage

Bauern heiraten nach dem Land,
Edelleute nach dem Stand,
Hofleute nach Welt,
Kaufleute nach Geld.

Bauernregel

Stehend Wasser im Mai
bringt die Wiese ums Heu.

Tip des Tages

Brennesseln besitzen Heilkräfte in Stengeln, Blättern und Blüten, sie werden seit alters her bei Stoffwechselleiden, Blutarmut, rheumatischen Erkrankungen sowie bei Entschlackungskuren eingesetzt – als Tee, Hautpflegemittel, Salat und Gemüse.

3. Mai

(Namenstag für Jakobus,
Philippus, Alexander und Viola)

Bauernregeln

Hl. Kreuztag naß,
wächst nirgends Gras.

Wie's Wetter am Kreuzauffindungstag,
bis Himmelfahrt es bleiben mag.

Tip des Tages

Gegen Sommersprossen empfiehlt sich ein altes Hausrezept: Kleingeschnittene Meerrettichwurzeln werden in ein Glas gegeben und
mit Weinessig übergossen. Anschließend das Glas 24 Stunden gut
verschlossen stehen lassen. Das Gesicht sollte dann zwei Wochen
lang jeden Abend mit dem Sud eingerieben werden, bis die Sommersprossen verblassen. In einem anderen, in derselben Art und
Weise hergestellten Rezept wird empfohlen, das verschlossene Glas
für volle zwei Wochen in die Erde einzugraben, die Mixtur dann aus-
zupressen und mit Honig zu mischen. Auch versuchte man früher
die Sommersprossen mit Buttermilch oder mit durch Milch angerei-
cherten Zitronensaft zu bleichen.

4. Mai

(Namenstag für Florian, Guido und Valeria)

Bauernregel

Der Florian, der Florian
noch einen Schneehut tragen kann.

Interessantes

Dieser Tag steht unter dem Patronat des heiligen Florian, Schutzheiliger der Feuerwehrleute. Aus diesem Grund finden mancherorts
Fahrzeug-, Geräte- oder Gebäudeweihen statt. Galten bis ins
15. Jahrhundert Laurentius und Agatha als Schutzheilige gegen Feuer,
verdankt der heilige Florian sein Patronat dem Umstand, daß er Le-

genden zufolge mit einem Mühlstein um den Hals im Wasser der Enns ums Leben kam – und mit Wasser wird bekanntlich Feuer gelöscht.

Tip des Tages

Grenzen Sie Ihre Blumenbeete durch Natursteine ab. Das ist nicht nur eine optische Aufwertung Ihres Gartens, sondern erleichtert auch die Gartenarbeit.

5. Mai

(Namenstag für Gotthard, Siegrid, Angelus, Jutta und Franz)

Bauernregeln

Regen zu Christi Himmelfahrt
macht dem Bauern die Ernte hart.

Regnet es am Himmelfahrtstag,
der Weinbauer klagen mag.

Interessantes

50 Tage liegen zwischen Ostern und Pfingsten, dem Abschluß der Osterzeit. Am 40. Tag dieser Festzeit wird das Hochfest, Christi Himmelfahrt, begangen. Einem weniger bekannten Brauch zufolge wird mancherorts zur Mittagszeit eine kleine Christusfigur langsam im Kircheninneren hochgezogen. Aus der Richtung, in die die sich drehende Figur letztendlich blickt, soll ein Unwetter zu erwarten sein. Bekanntlich wird am selben Datum auch der Vatertag gefeiert, an dem selbst heftigster Regen die männlichen Ausflügler kaum von ihren beliebten Ausflügen abschrecken, wohl aber den Bauern beunruhigen kann.

Tip des Tages

Mehrjährige Kräuterpflanzen sollte man, laut Großmutters Pflanz-
kalender, nicht zu alt werden lassen. Sie verlieren mit den Jahren an
Würzkraft.

6. Mai

(Namenstag für Britto, Domitian, Antonia. Gundula und Markward)

Bauernregel

Ein heißer Mai ist des Todes Kanzlei.

Tip des Tages

Nach einer altbewährten indianischen Düngemethode werden Tomatenpflanzen größer und kräftiger, wenn beim Einpflanzen ein to-
ter Fisch mindestens zehn Zentimeter unter den Wurzeln eingegra-
ben wurde. Es empfiehlt sich, in Anlehnung an diesen Brauch einen
Süßwasserfisch zu vergraben. Tomatenpflanzen sollten übrigens
stets mit lauwarmem Wasser gegossen werden. Kaltes Wasser »er-
schreckt« die Pflanzen, und sie rollen ihre Blätter ein.

7. Mai

(Namenstag für Notker, Gisela, Boris und Stanislaus)

Bauernregeln

Wenn naht der heilige Stanislaus,
sollen die Kartoffeln raus.

Weint Tränen der Stanislaus,
tut uns das nicht leid;
werden blanke Heller
daraus über kurze Zeit.

Tip des Tages

Kartoffeln können jetzt angehäufelt werden. Zur Vermeidung von Läusebefall eignet sich hervorragend die Kapuzinerkresse, die zwischen den Kartoffeln ausgesät wird.

8. Mai

(Namenstag für Desire, Evodia, Wigger, Friedrich, Ulrich und Klara)

Bauernregeln

Der Mai,
zum Wonnemonat erkoren,
hat den Reif
noch hinter den Ohren.

Wenn die Gänse stehen auf einem Fuß,
dann kommt bald ein Regenguß.

Tip des Tages

Ihre Haare bekommen einen besonderen Glanz, wenn Sie vor der Haarwäsche eine Mixtur aus einem Eigelb und dem Saft einer halben Zitrone in die Kopfhaut einmassieren.

9. Mai

Bauernregel

Mairegen bringt Segen,
da wächst jedes Kind,
da wachsen die Blätter,
die Blumen geschwind.

Tip des Tages

Als bewährtes Hausmittel gegen Gicht und Rheuma hat Sellerie in Großmutters Gesundheitsbrevier einen festen Platz. Trinken Sie täglich den Saft zweier ausgekochter Knollen.

10. Mai

(Namenstag für Gordianus und Epimachus)

Bauernregeln

Gordian – man nicht trauen kann.

Florian und Gordian (10. Mai)
richten oft noch Schaden an.

Interessantes

Gordianus und Epimachus, beide Märtyrer und Patrone von Kempten, werden in Abbildungen gern gemeinsam dargestellt: Gordianus meist als Ritter mit Schwert, Helm und Zweig – Epimachus mit einem kurzen Mantel. Nach dem Tode vereint durch den Umstand, daß beide aufgrund ihres Glaubens von Christenverfolgern getötet wurden, gibt es jedoch keine gesicherten Angaben darüber, ob sie sich zu Lebzeiten jemals wirklich begegnet sind.

Tip des Tages

Machen Sie sich von der Gestaltung Ihres Gartens einen Plan, bevor Sie loslegen. Schließlich gibt es auch bei den Blumen Farben, die sich »beißen«.

11. Mai

(Namenstag für Angelika, Gangolf, Mamertus und Joachim)

Bauernregeln

Mamerz, Pankraz, Servazi,
das sind drei Lumpazi.

Pankraz, Servaz, Bonifaz
schaffen Eis und Frost gern Platz,
und zum Schluß fehlt nie – die kalte Sophie.

Interessantes

Die drei »Atius« sind strenge Herren, sie ärgern Gärtner und Winzer gern, sagt der Volksmund.
Hier die Namen der sogenannten Eisheiligen:
11. 5. Mamertus
12. 5. Pankratius
13. 5. Servatius

14. 5. Bonifatius
15. 5. Sophie
16. 5. Johannes Nepomuk

Tip des Tages

Wenn Roßkastanien und Klaräpfel blühen, können frostempfindliche Pflanzen ins Freiland gebracht werden. Allerdings mag es sein, daß die mit verblüffender Regelmäßigkeit wiederkehrenden Kälteeinbrüche in den Tagen zwischen dem 12. und 15. Mai die jungen Pflanzen »eiskalt erwischen«. Sie sollten deshalb in der ersten Maihälfte sicherheitshalber noch unter Folien geschützt werden.

12. Mai

(Namenstag für Pankratius, Imelda und Johanna)

Bauernregeln

Pankratius und Servatius
bringen Kält' oft und
auch Verdruß.

Pankraz und Urban (25. Mai) ohne Regen,
bringen großen Erntesegen.

Regnet's in die Hopfenstecken,
wird das nächste Bier nicht schmecken.

Interessantes

Schwarze Wolken, schwere Wetter – Auf schwüle Luft folgt Donnerwetter, verheißt der Bauernkalender.

Tip des Tages

Bereiten Sie sich bei einer nahenden Erkältung einen Schlummertrunk aus einem Eigelb und dunklem Bier. Bleibt nur noch zu wün-
schen: Schlafen Sie sich gesund!

13. Mai

(Namenstag für Servatius und Ellinger)

Philosophisches zum Tage

Der Verschwender
breitet das Geld aus wie Mist,
der Geizige
sammelt den Mist wie Geld.

Bauernregeln

Servatius' Hund der Ostwind ist,
hat schon manch' Blümlein totgeküßt.

Servaz und die kalte Sophie müssen vorüber sein,
will der Bauer vor Nachtfrost sicher sein.

Tip des Tages

Kopfsalat kann man in seinem Nachwachsen begünstigen, wenn
beim Ernten die unterste Blattrosette an den Wurzeln im Boden stehengelassen wird.

14. Mai

(Namenstag für Bonifatius, Christian und Iso)

Bauernregeln

Vor Bonifaz kein Sommer,
nach der Sofie kein Frost.

Der Frost, der kommt im Mai'n,
ist schädlich dem Hopfen und Wein,
den Bäumen, dem Korn und dem Lein.

Tip des Tages

Schnelle Abhilfe gegen ein müdes Gesicht verspricht eine Gesichtsmaske aus leicht geschlagenem Eiweiß, die man zwanzig Minuten lang einwirken läßt. Oder erfrischen Sie sich mit Gesichts-
güssen, indem Sie mit einem schwachen, kalten Wasserstrahl
langsam das Gesicht von rechts nach links, dann über die Stirn
zum Kinn umkreisen.

15. Mai

(Namenstag für Rupert, Sophia, Isidor und Friedrich)

Bauernregel

Kalte Sophie sät Lein
zu gutem Gedeihn.

Interessantes

Die kalte Sophie (Märtyrerin, 3. Jahrhundert), von den Bauern im Verbund mit den anderen Eisheiligen beim Bestellen ihrer Felder arg gefürchtet, soll nach altem Volksglauben die »Eiszeit« mit ihrem eisigen Atem beenden:

»Und zum Schluß fehlt nie
die eisige Sophie.«

Meist wartete man mit dem Säen oder Pflanzen, bis sich die kalte Sophie verabschiedet hatte. »Vorsorge verhütet Nachsorge«, besagt schon ein altes Sprichwort. Auch das Vieh blieb bis dahin in der Regel im Stall und wurde erst ab Mitte Mai auf die Sommerweiden getrieben.

Tip des Tages

Natürlicher Staubfänger: Kleine Teppichbrücken werden wieder sauber, wenn man sie nach gründlichem Klopfen über den kurzgeschnittenen, feuchten Rasen zieht.

16. Mai

(Namenstag für Johannes Nepomuk, Adelphus und Ubald)

Bauernregel

Abendtau und kühl im Mai
bringt viel Wein und bringt viel Heu.

Tip des Tages

Blumenzwiebeln, die im Sommer für bunte Blütenpracht auf dem Balkon oder im Garten sorgen sollen, müssen jetzt in die Erde. Farbige Akzente setzen beispielsweise die typischen Sommerblüher wie Gladiolen, Dahlien, Lilien und Anemonen. Wer sich von Juni bis Oktober am Anblick seines farbenfrohen Gartens erfreuen möchte, berücksichtigt die unterschiedlichen Blütezeiten der einzelnen Sorten und wird die Blumenzwiebeln so auswählen, daß sie sich in der Blüte nacheinander ablösen.

17. Mai

(Namenstag für Paschalis und Walter)

Philosophisches zum Tage

Man muß immer das Beste hoffen,
das Schlimme kommt ganz von alleine.

Bauernregel

Mai ohne Regen,
fehlt's allerwegen.

Tip des Tages

Gurken machen müde Augen wieder munter. Legen Sie frische, kalte Gurkenscheiben auf die Augenlider – das erfrischt und klärt den Blick.

18. Mai

(Namenstag für Johannes I., Burkhard, Dietmar und Felix)

Bauernregeln

Nasse Pfingsten,
fette Weihnachten.

Regnet's am Pfingstmontag,
so regnet's noch sieben Sonntag.

Interessantes

Pfingsten feiern wir am fünfzigsten Tag nach Ostern. Im 4. Jahrhundert schloß der fünfzigste Tag zunächst nur den feierlichen Reigen der Osterzeit. In Abhängigkeit vom Osterdatum liegt Pfingsten
also zwischen dem 10. Mai und dem 13. Juni. Im gleichen Maße,
wie die Natur aufblüht, präsentieren sich die Altäre der Kirchen reich
geschmückt, Räume und Hauseingänge werden mit Maigrün ver-
ziert, und der »Pfingstochse« trägt Blumenschmuck. In manchen
ländlichen Gegenden werden die sogenannten »Pfingstbesen« am
Pfingstsamstag an Bauernhäusern befestigt, um böse Geister abzuwehren. In diesem Zusammenhang trifft man zuweilen auch auf das
mit Kreide an die Haustüre gemalte Pfingstkreuz oder die abendlichen Pfingstfeuer.

Tip des Tages

Ein mit Bienenwachs eingeriebener Nähfaden sorgt dafür, daß
Knöpfe beim Annähen besser halten.

19. Mai

(Namenstag für Alkuin, Dunstan, Kuno, Ivo und Bernarda)

Bauernregel

So wie der Mai
werden Obst und Heu.

Tip des Tages

Mit einigen einfachen Kniffen können Sie sich bei und nach einem ausgelassenen Fest den Katzenjammer ersparen:

Schaffen Sie sich vor der Feier eine fetthaltige Sättigungsgrundlage, beispielsweise mit Ölsardinen und einer Scheibe Roggenbrot. Bleiben Sie am besten bei einer Bier-, Wein- oder Spirituosenart, und knabbern Sie ab und zu salzige Nüsse, Chips oder Salzstanzen. Damit gleichen Sie den durch den Alkoholgenuß bedingten Mineralstoffverlust wieder aus.

Um wieder munter zu werden, essen Sie lieber einen Apfel, als Kaffee zu trinken.

20. Mai

(Namenstag für Bernhardin von Siena, Saturnina, Valeria,
Elfriede, Bartholomäus und Johann Michael)

Philosophisches zum Tage

Man kann arbeiten wie
ein Ackergaul,
für Zuschauer
ist man immer faul.

Bauernregel

Mairegen auf die Saaten –
dann regnet es Dukaten.

Tip des Tages

Selbst schwer vom Blitz getroffene Obstbäume müssen nicht ret-
tungslos verloren sein: Man glättet die zerfaserten Stellen der Wunde
mit einem Messer und bestreicht die ganze Fläche mit einem Kalk-
Lehm-Gemisch.

21. Mai

(Namenstag für Hermann Joseph, Erenfried, Wiltrud
und Konstantin den Großen)

Bauernregeln

Wie zu Dreifaltigkeit das Wetter fällt,
es bis zum Monatsende anhält.

Ist Dreifaltigkeit klar und hell,
wächst der Hafer schnell.

Interessantes

Feiern die evangelischen Christen am Sonntag nach Pfingsten das
Fest »Trinitas«, so begehen die Katholiken am darauffolgenden Don-
nerstag das Fronleichnamsfest, auch genannt »Hochfest des Leibes
und Blutes Christi«. Das hohe Kirchenfest wurde im 13. Jahrhundert
auf Betreiben der von Visionen erfüllten Juliana von Lüttich

zunächst dort und 1264 dann für die ganze abendländische Kirche eingeführt. Mit diesem Fest sind schon seit jeher Prozessionen verbunden; typisch sind auch Flur- und Bittgänge, bei denen beispielsweise ein Kreuz, Reliquien, Fahnen, Bilder oder Statuen mitgetragen werden – am Fronleichnamstag vor allem aber auch das eucharistische Brot.

22. Mai

(Namenstag für Julia, Ämilius, Helswind, Rita, Renate,
Romuald und Konstantin)

Philosophisches zum Tage

Mit Säckevoll
soll man einnehmen,
mit Handvoll ausgeben,
denn das Jahr
hat ein großes Maul.

Bauernregel

Regen im Mai
bringt fürs ganze Jahr
Brot und Heu.

Interessantes

Asseln im Garten sind keineswegs ein Ungeziefer. Im Gegenteil: Neben Regenwürmern zählen sie zu den wichtigsten Bodentieren für gesunden und nährstoffreichen Humus.

23. Mai

(Namenstag für Guibert, Wipert und Bartholomäus)

Bauernregel

Steht der Wind im Mai im Süden,
wird bald Regen uns beschieden.

Tip des Tages

Blendendweiße Zähne erhält man, wenn man sie von Zeit zu Zeit mit einer ungespritzten Zitronenschale abreibt oder mit zerdrückten Erdbeeren putzt. Noch ein Tip: Wenn Sie Speisen mit Zitronensaft oder anderen Säuren zu sich genommen haben, warten Sie mit dem Zähneputzen mindestens eine halbe Stunde. Die Zähne könnten sonst angegriffen werden.

24. Mai

(Namenstag für Magdalena Sophie, Esther, Auxilia, Dagmar und Franz)

Bauernregel

Lein, gesät an Esthern,
wächst am allerbesten.

Tip des Tages

Nach alter Volksheilkunde gibt es ein Mittel, mit dem Sie Ihre Sehkraft stärken und erhalten können: Befeuchten Sie dazu täglich vor dem Schlafengehen die Augenlider, Augenbrauen und Schläfen mit kaltem Wasser.

25. Mai

(Namenstag für Urban I., Gregor VII., Maria Magdalena,
Heinrich und Heribert)

Bauernregeln

St. Urban hell und rein,
segnet die Fässer ein.

Wie es sich um St. Urban verhält,
so ist's noch 20 Tage bestellt.

Interessantes

Mit dem Namen Gregor VII. verbindet sich der Ausspruch »Gang
nach Canossa«, den dereinst König Heinrich IV. im Büßergewand
angetreten war, um den von Papst Gregor VII. verhängten Kir-
chenbann wieder von seinen Schultern nehmen zu lassen. Im
heutigen Sprachgebrauch bezieht sich dieser Ausspruch auf eine
Person, die ein Problem oder eine unangenehme Situation in Zusammenhang mit einem ungnädigen oder erzürnten Mitmenschen zu lösen hat.

26. Mai

(Namenstag fiir Philipp Neri, Maria Anna,
Augustin, Alwin und Regintrud)

Bauernregel

Der Mai bringt Blumen dem Gesichte,
aber dem Magen keine Früchte.

Tip des Tages

Buttermilch ist ein altbewährtes Schönheitsmittel. Wenn Sie sich damit waschen, verheißt Großmutters Ratgeber eine straffe Haut, ebenso verschwinden kleine Fältchen.

27. Mai

(Namenstag für Augustin von Canterbury und Brun)

Bauernregel

Kann sich am Maitag
ein Rabe im Korn verstecken,
dann zu Johannis ein Knabe.

Tip des Tages

Ein Fest für die Sinne versprechen im Garten angepflanzte Zierkräuter, die nicht nur muntere Farbtupfer setzen, sondern auch noch ein betörendes Aroma verströmen und sich vorzüglich zum Verfeinern der Speisekarte eignen.

Einige Beispiele:
Gelb: Goldsalbei, Ingwerminze, zweifarbige Zitronenmelisse oder der goldgefleckte Thymian.
Zarte Rottöne: Purpursalbei und dunkles Basilikum.

28. Mai

(Namenstag für Germanus,
Wilhelm, Thietland und Rudhard)

Bauernregel

Wenn im Mai die Wachteln schlagen,
läuten sie von Regentagen.

Tip des Tages

Zum Abgewöhnen: Im Mittelalter verabreichten Ärzte den Trunken-
bolden als Entziehungskur Aalblut, vermischt mit Wein.

29. Mai

(Namenstag für Maximin,
Walram, Irmtrud und Bona)

Philosophisches zum Tage

Kein Narr ist so dumm,
er findet einen,
der ihn für klug hält.

Bauernregel

Sind der Maikäfer und Raupen viel,
steht eine reiche Ernte am Ziel.

Tip des Tages

Lavendel, neben Rosen gepflanzt, wirkt vorbeugend gegen Läusebefall. Ein Teeabsud von schwarzem oder Kräutertee beugt, unter
die Rosen gegossen, Pilzerkrankungen vor.

Ebenfalls eine »dufte« Idee: Sollten Sie länger verreisen und bei
Ihrer Rückkehr nicht von Mief und stickiger Luft empfangen werden
wollen, stellen Sie vor der Abreise Untertassen mit etwas Lavendelöl
in den Zimmern auf – Motten und Flöhe bleiben fern.

30. Mai

(Namenstag für Johanna von Orleans, Reinhild, Ferdinand III. und Hubert)

Bauernregel

Trockener Mai – dürres Jahr.

Tip des Tages

Einem welken und faltigen Dekolleté beugt eine Kurpackung aus zerdrückten Erdbeeren und Quark vor. Die Mischung etwa eine halbe
Stunde einwirken lassen, danach mit lauwarmem Wasser abwaschen und mit reichlich kaltem Wasser nachspülen.

31. Mai

(Namenstag für Petronilla, Helmtrud, Aldo und Mechthild)

Bauernregel

Es ist klar an Petronell',
meßt den Flachs ihr mit der Ell'.

Interessantes

Petronilla, Patronin von Rom, der Pilger, der Reisenden und Schutzheilige gegen Fieber, wurde in einer der zahlreichen Legenden als die
Tochter des Petrus angesehen. Dies dürfte allerdings lediglich auf die
Ähnlichkeit der Namen zurückzuführen sein, denn historische Be-
lege gibt es für dieses angebliche Verwandtschaftsverhältnis nicht.

Tip des Tages

Im Notfall kann dünn aufgestrichenes Eiweiß auch als Leim verwen-
det werden. Beispielsweise läßt sich so die Klebkraft der Gummie-
rung von Briefumschlägen verstärken.

Juni

Bei Sonnenschein sieht die Welt viel freundlicher aus als unter diesigem Grau: die Blumen, die Bäume, die Kleidung der Leute, alles wirkt bunter und frischer, und die Farben in der Natur werden zusehends kräftiger. Fast meint man, den Sommer schon riechen zu können, wenn köstliche Blütendüfte von Flieder, Jasmin und Holunder durch die Luft ziehen. Vielstimmig singt ein sonniger Junitag seine heitere Melodie: Vögel zwitschern, Grillen zirpen – dieser Frühsommermonat ist eine Freude für Auge und Ohr. »Juniregen reichster Segen. Lacht die Sonne, Wein der Wonne«. Am längsten Tag des Jahres – dem 21. Juni – wird auch das skandinavische Mittsommernachtsfest gefeiert. Von Sonnenauf- bis Sonnenuntergang vergehen hierzulande an diesem Tag immerhin knapp 17 Stunden.

1. Juni

(Namenstag für Justin, Simeon, Ronan und Luitgard)

Philosophisches zum Tage

Wer will Honig lecken,
muß nicht vor Bienenstichen schrecken.

Bauernregel

Schönes Wetter auf Fortunat,
ein gutes Jahr zu bedeuten hat.

Tip des Tages

Wer mit Brennesseln in Berührung gekommen ist, sollte die schmer-
zenden und brennenden Hautstellen mit einer Lösung aus zwei
Teelöffeln Natron auf einen Liter Wasser waschen. Mit dem Ab-
trocknen etwas warten.

2. Juni

(Namenstag für Marzellinus, Petrus, Erasmus, Armin und Stephan)

Bauernregel

Juni naß – viel Bodengras.

Interessantes

Überlieferungen zufolge sollen Erasmus, Bischof von Antiochia (das
heutige Syrien), in den Zeiten der Christenverfolgung unter Kaiser

Diokletian mit einer Winde die Eingeweide aus dem Leib gerissen worden sein – er soll dieses Martyrium überlebt haben. Dies mag erklären, daß Erasmus landläufig auch zur Hilfe bei Magenkrämpfen, Koliken und Unterleibsleiden angerufen wird.

Tip des Tages

Trübe Gläser werden wieder klar, wenn man sie mit warmem Salzwasser reinigt und danach poliert, am besten mit einem Tuch aus Leinen.

3. Juni

(Namenstag für Hilburg, Karl, Paula, Klothilde und Morand)

Bauernregel

Wettert der Heuet
mit großem Zorn,
bringt er dafür
auch reichlich Korn.

Tip des Tages

Der Spitzwegerich (Plantago lanceolatum) leistet als Heilpflanze seit alters her gute Dienste in der Wundheilung (Umschläge aus gewaschenen, zerquetschten Blättern), bei Insektenstichen (Blätter zerreiben und auflegen oder mit dem frischen Saft beträufeln) sowie bei Husten, Heiserkeit und Katarrhen. Für einen wohlschmeckenden und hustenlindernden Sirup werden frische Spitzwegerichblätter sehr fein zerkleinert, anschließend mit ein wenig Wasser im Wasserbad etwa eine halbe Stunde lang erhitzt. Dann abkühlen lassen und mit der gleichen Menge Honig vermengen und diesen Saft in eine gut verschließbare, dunkle Flasche geben. Morgens und abends einen Eßlöffel einnehmen.

4. Juni

(Namenstag für Christa, Quirin, Werner von Ellerbach und Eva)

Bauernregel

Ein Nachtfrost noch im Junius,
macht ohn' Ausnahm' viel Verdruß.

Tip des Tages

An trockenen Tagen brauchen auch Obstbäume eine »Dusche«. Eine Mulchschicht auf der Baumscheibe hält die Feuchtigkeit länger.

5. Juni

(Namenstag für Bonifatius, Meinwerk, Fulger, Eoban und Adalar)

Bauernregel

Bläst der Juni ins Donnernhorn,
so bläst er ins Land das gute Korn.

Tip des Tages

Wie heißt es doch im Volksmund: Jedes Böhnchen gibt ein Tönchen. Da läßt sich allerdings leicht Abhilfe schaffen: Regelmäßig ein Glas Wasser trinken, in dem einige Tropfen Kümmelöl aufgelöst sind.

Übrigens auch ein guter Tip für alle, die auch ohne den Genuß von Hülsenfrüchten häufig unter Blähungen leiden.

6. Juni

(Namenstag für Norbert von Xanten, Kevin, Klaudius, Falko und Bertrand)

Bauernregel

Juniregen und Brauttränen
dauern so lange wie's Gähnen.

Tip des Tages

Frische Kräuter gehören zu den feinen Gaben des Sommers. In Essig eingelegt, behalten sie über längere Zeit ihr einzigartiges Aroma und ihre Würze.

7. Juni

(Namenstag für Herkumbert, Eoban, Robert und Dietger)

Philosophisches zum Tage

Gut gefrühstückt, spürt man den ganzen Tag.
Gut geschlachtet, das ganze Jahr.

Bauernregel

Ein Feuer und ein Kessel drauf,
das ist des Junis bester Lauf.

Tip des Tages

Reiben Sie Spiegel und Fenster mit Essig ab, und verhindern Sie so, daß sich die lästigen Fliegen auf den Glasflächen niederlassen.

8. Juni

(Namenstag für Medard, Ilga [Helga], Giselbert und Engelbert)

Bauernregel

Hat Medardus am Regen Behagen,
will er ihn auch in die Ernte jagen.

Wie's Wetter ist am Medardustag,
bleibt's sechs Wochen lang danach.

Interessantes

Das heutige Datum, der Gedenktag des Medardus, galt in früheren Zeiten als Lostag im Bauernkalender. Vor allem in Süddeutschland brachte man den Tag mit der Heuernte in Verbindung. Bangen Blickes freilich, denn: »Macht Medardus feucht und naß, regnet's ohne Unterlaß.« Altem Volksglauben zufolge sollte am Feiertag des Patrons der Bauern, der Winzer und der Bierbrauer das Abendbrot gänzlich verzehrt werden, denn: »Soviel übrig bleibt, mit soviel Arbeit bleibt man im Sommer im Rückstand.«

Tip des Tages

Kunstdünger läßt sich auf natürliche Weise durch Brennesseljauche ersetzen. Für die Herstellung empfehlen sich alle Behältnisse, außer solchen aus Metall. Zehn Kilogramm Brennessel werden mit zehn Litern Wasser, vorzugsweise Regenwasser, übergossen. Beschweren Sie die Brennesseln mit einem Stein, damit sie vollständig von Wasser bedeckt sind. Der nun beginnende Gärungsprozeß dauert bis zu zwei Wochen. Täglich umrühren! Wenn die Jauche nicht mehr schäumt, ist sie fertig. Für den Gebrauch wird die Brühe im Verhältnis 1:10 verdünnt und die Pflanzen – nur morgens oder abends – damit gegossen. Vorher sollte die Erde mit normalem Wasser angefeuchtet werden. Vorsicht: Die Jauche nicht auf die sichtbaren Pflanzenteile geraten lassen!

9. Juni

(Namenstag für Ephräm, Anke, Diana, Gratia, Felizian und Liborius)

Bauernregel

> Gibt's im Juni Donnerwetter,
> wird auch das Getreide fetter.

Tip des Tages

Fliegendreck auf dem sündhaft teuren Ölgemälde? Entfernen Sie den Fliegenschmutz mit einer angeschnittenen Zwiebel. Anschließend mit lauwarmem Wasser vorsichtig nachwischen.

10. Juni

(Namenstag für Margarete von Schottland, Margot, Olivia und Heinrich)

Bauernregel

Hat Margarete keinen Sonnenschein,
dann kommt das Heu nie trocken ein.

Tip des Tages

Auch bei der Pflege von Lackschuhen erweist sich die Zwiebel als nützlicher Helfer. Für den gewünschten Hochglanz reiben Sie die Lackschuhe nach gründlicher Reinigung mit einer halbierten Zwiebel ein. Dabei dürfen die Schuhe allerdings nicht zu feucht werden.

11. Juni

(Namenstag für Barnabas, Jolenta und Rimbert)

Bauernregeln

St. Barnabas
schneidet das Gras.

Wenn Barnabas bringt Regen,
so gibt es auch viel Traubensegen.

Barnabas macht, wenn er günstig ist,
wieder gut, was verdorben ist.

Tip des Tages

Ein Tip für Wanderer, die im Zelt übernachten wollen: In die Zelt-
decke einige Lavendelblüten einnähen oder hineinlegen. So geschützt, sollte nicht eine einzige Ameise oder irgendein anderes In-
sekt den Schlaf stören.

12. Juni

(Namenstag für Leo III., Odulf und Eskil)

Bauernregel

Wenn im Juni die Bremsen stechen,
dann, Bauer, lauf mit dem Rechen.

Tip des Tages

In regenarmen Zeiten ist die Luft ebenso trocken wie im Winter
während der Heizperiode. Die Zimmerpflanzen werden es Ihnen
danken, wenn sie jetzt regelmäßig mit dem Sprüher eingenebelt
werden.

13. Juni

(Namenstag für Antonius von Padua, Bernhard und Ragnebert)

Bauernregel

Antoni
vergiß den Lein nie!

Interessantes

Heute wird der Namenstag des heiligen Antonius gefeiert. Er gilt als Schutzheiliger der Franziskaner, der Liebenden, der Ehe, der Frauen und Kinder, der Armen, der Reisenden, der Bäcker und Bergleute, gegen Unfruchtbarkeit, gegen Viehkrankheiten und gegen Schiffbruch. Seine Darstellung mit dem Jesuskind dürfte ebenso bekannt sein wie die volkstümliche Vorstellung, er helfe vergessene oder verlorene Gegenstände wiederzufinden.

Tip des Tages

Kostbare Pelze und Kleider sind vor Mottenfraß absolut sicher, besagt Großmutters Erfahrungsschatz, wenn man sie in Sandelholz- oder Zedertruhen aufbewahrt.

14. Juni

(Namenstag für Buchard, Gottschalk, Gerald und Hartwig)

Bauernregel

Wenn der Juni kühl und trocken,
gibt's was in die Milch zu brocken.

Tip des Tages

Bei einem Bienenstich kann der Schwellung entgegengewirkt werden, wenn die betreffende Stelle nach Entfernen des Stachels mit einer Zwiebelhälfte oder frischem Zwiebelsaft eingerieben wird.

15. Juni

(Namenstag für Vitus, Isfrid, Lothar, Klara und Landelin)

Bauernregeln

Wer dem Veit nicht traut,
kriegt auch kein Kraut.

Regnet's an Veit,
Gerste nicht leid't.

Hat St. Veit starken Regen,
bringt er unermeßlich Segen.

Interessantes

Nach altem Brauch gingen früher die Jugendlichen des Dorfes am Sankt-Veits-Tag von Haus zu Haus, um Holz zu erbitten. Damit wurde das sogenannte »Himmelsfeuer« entfacht, das dazu dienen sollte, Glück heraufzubeschwören.

16. Juni

(Namenstag für Luitgard, Benno und Gebhard)

Bauernregel

Wer auf Benno baut,
kriegt auch viel Kraut.

Tip des Tages

Reich an Vitaminen (A,B und C) und Milchsäure, reguliert rohes Sauerkraut auf natürliche Weise die Verdauung. Ein Glas Sauerkrautsaft zum Frühstück soll wahre Wunder wirken.

17. Juni

(Namenstag für Fulko, Ramwold und Euphemia)

Bauernregel

Bleibt der Juni kühl,
wird's dem Bauern schwül.

Interessantes

Bis zum Jahr 1990 wurde der 17. Juni als Tag der Deutschen Einheit gefeiert. In der Bundesrepublik erinnerte man damit an den Volksaufstand in der ehemaligen DDR am 17. Juni 1953. Damals waren Arbeiter und Studenten in Ost-Berlin gemeinsam auf die Straße gegangen, um für mehr Demokratie zu demonstrieren. Der Aufmarsch wurde vom Militär brutal niedergeschlagen. Die deutsche Wiedervereinigung bedeutete das Ende dieses Gedenktages – der Tag der Deutschen Einheit wird seitdem am 3. Oktober gefeiert.

Tip des Tages

Eine wirklich »dufte« Idee ist es, direkt neben dem Rosenstock eine Speisezwiebel zu pflanzen – die Rosen steigern dadurch ihre Duftentfaltung.

18. Juni

(Namenstag für Felicius und Elisabeth)

Bauernregel

Was im Juni nicht wächst,
gehört in den Ofen.

Interessantes

Im alten Rom nannte man die Tage, an denen nichts Neues begonnen werden durfte, man auch nicht verreisen und keinen Aderlaß verrichten durfte, »dies atri«. Später hießen sie »verworfene Tage« oder »Schwendtage«. Im Juni fallen diese Tage traditionell auf den 17. und 30. des Monats.

Tip des Tages

Sonnenbrand sollte man nicht auf die leichte Schulter nehmen. Bei Bläschen, Kopfschmerzen und anderen Begleiterscheinungen empfiehlt sich in jedem Fall der Gang zum Arzt – bei leichten Rötungen der Haut kühlen und lindern frische Gurkenscheiben.

19. Juni

(Namenstag für Andreas, Modest, Elisabeth, Hildegrim und Rasso)

Philosophisches zum Tage

Der eine lacht einen guten Käse an,
der andere fällt davon in Ohnmacht.

Bauernregel

Wenn es regnet auf St. Gervasius,
es vierzig Tage regnen muß.

Tip des Tages

Zwiebelwein wirkt bei Husten schleimlösend. Den »edlen« Tropfen
gewinnen Sie, indem Sie 500 Gramm feingeschnittene Zwiebeln
und 150 Gramm Honig in einen Liter Weißwein geben, alles gut umrühren und 48 Stunden ziehen lassen. Anschließend abseihen.
Sechsmal täglich ein Likörgläschen davon trinken. Wenn Sie den
Geschmack überlebt haben, dürfen Sie getrost davon ausgehen, daß
der Husten sich verabschiedet hat.

20. Juni

(Namenstag für Adalbert, Deodat, Benigna, Meinrich und Margarete)

Bauernregel

Wenn im Juni Nordwind weht,
das Korn zur Ernte trefflich steht.

Tip des Tages

Beim Kräutersammeln in Wald und Flur sollte man aus Rücksicht-
nahme auf die Natur einige Punkte beachten:

• Nur bekannte und saubere Pflanzen sammeln
• Nicht den Fundort »abweiden«, sondern eine Anzahl Pflanzen stehen lassen

- Standorte neben Straßen meiden
- Pflanzen nicht abreißen, sondern schneiden
- Sammeln am frühen Vormittag, nachdem der Morgentau abgetrocknet ist
- Nicht bei Regen sammeln.

21. Juni

(Namenstag für Aloisius, Alban und Radulf)

Philosophisches zum Tage

Ein Steckenpferd frißt mehr
als zehn Ackergäule.

Bauernregel

Nordwind, der im Juni weht,
nicht im besten Rufe steht,
kommt er an mit kühlem Gruß,
bald Gewitter folgen muß.

Interessantes

Heute ist Sommeranfang, der Zeitpunkt, an dem die Sonne in ihrem nördlichen Wendepunkt steht und damit ihren höchsten Stand erreicht hat. Fachleute nennen diesen Zeitpunkt »Solstitium«. Gleichzeitig ist dies für die nördliche Erdhalbkugel der längste Tag des Jahres: 16 Stunden und 37 Minuten.

Tip des Tages

Karotten brauchen Sie nicht zu putzen, wenn Sie zum Säubern Natron verwenden. Kochen Sie dazu einen Liter Wasser mit einem Löffel Natron auf, überbrühen die Karotten, schrecken sie in kaltem Wasser ab. Nun lassen sie sich einfach häuten.

22. Juni

(Namenstag für Paulinis von Nola, Thomas Morus, Albin, Sighild, Wihelm, Eberhard und Christine)

Bauernregel

Was es in die Rosen regnet,
wird den Feldern mehr gesegnet.

Interessantes

Wenn es auf den Wegen vor großen Spinnen, Würmern und Schnecken nur so wimmelt, kommt sicher Regen, so will es der Volksmund wissen.

Tip des Tages

Die »goldene Regel« für Salatsoßen nach Großmutters Küchenbrevier:
Essig wie ein Geizhals,
Öl wie ein Verschwender
und Salz wie ein Weiser.

23. Juni

(Namenstag für Edeltraut und Hildulf)

Bauernregel

Brachmonat naß,
leer Scheuer und Faß.

Tip des Tages

Gegen Zahnschmerzen ist doch ein Kraut gewachsen: Kauen Sie ein
Spitzwegerichblatt!

24. Juni

(Namenstag für Johannes den Täufer, Theodulf, Rumold und Erembert)

Bauernregeln

Vor Johanni
keine Gerste man loben mag.

Regen am Johannistag,
nasse Ernt' man erwarten mag.

Sankt Johannis Regengüsse
verderben uns die besten Nüsse.

An Sankt Johanni Abend
leg die Zwiebel in ihr kühles Beet.

Interessantes

Vielerorts wird noch nach altem Brauch an diesem Tag das sogenannte Johannes- oder Sonnenwendfeuer abgebrannt, dessen Überspringen die Überwindung von Unglück bedeuten soll. Springt ein Paar gemeinsam durchs Feuer, bleibt es für das ganze Leben verbunden »wie Pech und Schwefel«. Aus anderen Gegenden weiß man, daß die Segnung des Feuers auch am Hochfest Peter und Paul üblich ist.

Tip des Tages

Gegen eine Alkoholfahne hilft der Genuß von Zitronen, wobei die Tatsache, daß »sauer lustig macht«, in diesem Fall für Sie vermutlich ohne Belang sein dürfte... Verwöhnte Gaumen trinken den Saft einer Zitrone schluckweise unverdünnt.

25. Juni

(Namenstag für Dorothea, Prosper, Gohard,
Wilhelm und Eleonore)

Bauernregeln

Soll gedeihen Korn und Wein,
muß im Juni Wärme sein.

Wenn die Johanniwürmer glänzen,
darfst du richten deine Sensen.

Tip des Tages

Frei von Flöhen wird Ihre Wohnung, wenn Sie in das Wischwasser einen Viertelliter scharfen Essig geben und die Wohnung damit reinigen. Teppichböden werden mit Essigwasser abgerieben.

26. Juni

(Namenstag für Vigilius, Anthelm, Johannes und Paulus)

Philosophisches zum Tage

Wenn die Hausfrau in Küche, Stall und Keller
und der Herr in Scheune und Feld,
so ist die Wirtschaft wohl bestellt.

Bauernregel

Kalter Juniregen
bringt Wein und Honig keinen Segen.

Tip des Tages

Eine Perlenkette wird wieder schön matt und sanft glänzen, wenn sie mit einem Tröpfchen Öl behandelt wird. Fetten Sie Ihre Hände mit Speiseöl ein, reiben Sie die Perlen sanft zwischen Ihren Fingern, so daß sie überall mit Öl in Berührung kommen, und polieren dann behutsam mit einem Wollappen nach.

27. Juni

(Namenstag für Cyrill von Alexandrien, Hemma von Gurk,
Crescens, Daniel und Heimerad)

Von Frischluftfanatikern, Freunden von Gartenfesten und Ausflüglern werden die Wettergeschehnisse an diesem Tag nicht zu Unrecht mit bangen Blicken verfolgt, denn ...
»Ist der Siebenschläfer naß,
regnet's ohne Unterlaß.«
Trübe Aussichten für den Sommer? Der Landmann hat da seine ureigenen Ansichten ...

Bauernregeln

Wie's Wetter am Siebenschläfertag,
so bleibt es sieben Wochen danach.

Interessantes

Der Legende nach flüchteten sieben junge Männer in der Zeit der Christenverfolgung unter Kaiser Decius in eine Höhle im Berg Kalion bei Ephesus und wurden, während sie vor Erschöpfung schliefen, eingemauert. 200 Jahre später soll die Höhle wieder geöffnet worden sein, und die jungen Männer erwachten. Nachdem sie von ihrem Wunder erzählt hatten, starben sie, von einem Heiligenschein umgeben.

Tip des Tages

Ein Tip zum Kühlen von Nachspeisen aus Großmutters Zeiten: An heißen Tagen Kaltschalen, Obstsuppen und Puddings in einem Eimer in den Brunnen hinunterlassen.

28. Juni

(Namenstag für Diethild, Irenäus, Ekkehard und Heimerad)

Bauernregel

Mensch und Juniwind
ändern sich geschwind.

Tip des Tages

Gegen rote Flecken von Insektenstichen helfen rohe Kartoffelschei-
ben. Man legt eine Scheibe auf die betroffene Hautstelle und fixiert
sie mit einer Mullbinde. Auch Umschläge mit kaltem Wasser oder
Weinessig sollen in solchen Fällen Abhilfe schaffen.

29. Juni

(Namenstag für Peter, Paul, Beata, Gero, Judith, Salome und Hemma)

Bauernregeln

Schön zu St. Paul
füllt Tasche und Maul.

Regnet's an Peter und Paul,
wird des Winzers Ernte faul.

Interessantes

Die Apostel Petrus und Paulus galten für die Bauern als große »Wet-
termacher«. Glaubt man dem Volksmund, so reifte das Getreide von

diesem Tag an besonders rasch, und es stand ein Wetterumschwung bevor – so oder so.

Tip des Tages

Spielen Sie gerne Skat oder Schafskopf? Dann ärgern Sie sich sicher über vergilbte und verschmutzte Karten. Reinigen Sie ihr »gutes Blatt« doch einfach mit etwas Kölnisch Wasser. Damit abgerieben und nach dem Trocknen mit ein wenig Kartoffelmehl geglättet, kann die Partie weitergehen.

30. Juni

(Namenstag für Otto von Bamberg, Erentrud, Donatus, Theobald, Ernst und Wilhelm)

Bauernregel

Neumond und Vollmond im Juni
bringen Standwetter.

Interessantes

Steht morgens ein Regenbogen am Himmel, dürfte sich das Wetter verschlechtern, sagt der Hundertjährige Kalender.

Tip des Tages

Soll es auch im nächsten Sommer wieder grünen und blühen, können jetzt Winterastern, Stiefmütterchen, Bartnelken, Vergißmeinnicht oder Goldlack ausgesät werden.

Juli

Ein immerwährender Kalender mit garantiert zutreffender Wettervorhersage – ja, wenn es den nur gäbe. Jahr für Jahr, Monat für Monat könnten wir uns den morgendlichen Blick aus dem Fenster sparen, wir würden einfach am Abend nachschlagen, ob wir am nächsten Tag den Regenschirm zu Hause lassen können, ob wir zum Sommerfest einladen oder anfallende Gartenarbeiten erledigen können.

Ob solche oder ähnliche Überlegungen dereinst Doktor Mauritius Knauer, den Abt des Klosters Langheim im Bistum Würzburg, dazu bewogen haben, langfristige Wetterbeobachtungen anzustellen? Er versuchte jedenfalls, dem komplexen Wettergefüge auf die Schliche zu kommen, und schuf in mühevoller Kleinarbeit den berühmten »Hundertjährigen Kalender«, auf den noch heute so mancher Zeitgenosse schwört. Verbreiteter ist allerdings eine berechtigte Skepsis gegenüber diesem Werk. Die Forschungen führten Knauer zu der Erkenntnis, daß sich das Wetter alle sieben Jahre im großen und ganzen wiederholt. Innerhalb dieses Sieben-Jahres-Zyklus ist den einzelnen Jahren in einer unverrückbaren Reihenfolge jeweils ein Planet zugeordnet. Es gibt das Jahr des Saturn, des Jupiter, des Mars, der Sonne, der Venus, des Merkur sowie das Jahr des Mondes.

1. Juli

(Namenstag für Theodorich und Hechard)

Bauernregel

Weizen schneid, wenn er gülden, Roggen, wenn er weiß ist.

Tip des Tages

Eine Orange oder Zitrone, rundherum dicht mit Nelken gespickt und frei in den Raum unter die Decke gehängt, vertreibt Mücken, Fliegen und auch Motten. Die Frucht schrumpft, verdirbt dabei aber nicht und verbreitet einen würzigen Duft.

2. Juli

(Namenstag für Petrus, Ruzo, Wiltrud, Jakob und Friedrich)

Bauernregel

Mariä Heimsuch wird's bestellt,
wie's Wetter vierzig Tag' sich hält.

Tip des Tages

Für schöne Fingernägel greift man gerne auf das folgende Hausmittel zurück: Morgens und abends je einen Eßlöffel Brennesselblätter mit einer Tasse kochendem Wasser übergießen, fünf Minuten ziehen lassen, abseihen und ein bis zwei Tabletten Kieselerde darin auflösen. Die Wirkstoffe der Kieselerde und der Brennessel bewirken eine Kräftigung der Nägel.

3. Juli

(Namenstag für Thomas und Joseph)

Philosophisches zum Tage

Wo ein Kluger nichts ausrichtet,
schickt man einen Dummen hin.

Bauernregel

Wettert der Juli mit großem Zorn,
bringt er dafür reichlich Korn.

Tip des Tages

Seidene Krawatten verdienen eine besondere Pflege: Waschen Sie sie in einem Sud aus Kartoffeln und Wasser. Dazu werden erst einige Kartoffeln geschält, gerieben und durch ein Tuch gepreßt. Das durchgepreßte Kartoffelwasser mit zwei Litern Wasser vermischen, dann die Krawatten in diesem Sud waschen. Dadurch bleiben die Farben und der Seidenglanz erhalten.

4. Juli

(Namenstag für Elisabeth von Portugal, Ulrich von Augsburg,
Berta und Bernold)

Bauernregel

Regen am St.-Ulrichs-Tag
macht die Birnen stichig-mad.

Interessantes

Mit dem Schutzheiligen Ulrich, Patron der Winzer, Fischer und We-
ber, gegen Tollwut, gegen Ratten- und Mäuseplage, Wassergefahren
und Überschwemmungen, verbinden sich zahlreiche Bräuche. Einem alten Volksglauben nach soll das Wasser aus den sogenannten
Ulrichsbrunnen, die durch die Fürbitte des Bischofs entsprungen waren, gegen Augenkrankheiten geholfen haben. Und es heißt, daß
die sogenannte »Ulrichserde« – Erde vom Grab des Augsburger Bischofs –, im Hause aufbewahrt, Mäuse und Ratten fernhält.

Tip des Tages

Zum Reinigen von enghalsigen Karaffen und Flaschen kann man
rohe, kleingeschnittene Kartoffeln und Essig einfüllen und dann gut
durchschütteln. Eine Zeitlang stehen und einwirken lassen, erneut
schütteln und nach dem Entleeren ausspülen.

5. Juli

(Namenstag für Lätizia, Kyrilla, Maria und Antonius Maria Zaccaria)

Bauernregel

Fällt im staubigen Juli zeitig Regen,
ist's für die Natur von reichem Segen.

Tip des Tages

Gegen Fußschweiß rät Großmutters Gesundheitsbrevier: Bier, Wein,
Kaffee, Essig und Käse meiden. Man nehme statt dessen reichlich
Milchprodukte, Früchte und Gemüse zu sich.

6. Juli

(Namenstag für Maria, Goar, Thomas und Maria Theresia)

Bauernregel

Nur in der Juliglut
gedeihen Wein und Getreide gut.

Tip des Tages

Einem faltigen Hals kann man einem alten Hausmittel nach wirkungsvoll mit einem Bananenwickel zu Leibe rücken. Dazu wird eine halbe, überreife Banane zerdrückt, der mit zwei Teelöffel Mandelöl vermischte Brei auf dem Hals verteilt und mit einem warmen Handtuch umwickelt.

7. Juli

(Namenstag für Willibald von Eichstätt, Edelburg und Bodard)

Bauernregel

Türmt im Juli die Ameise den Haufen,
so mußt du viel Holz für den Winter kaufen.

Tip des Tages

Weiße Wollsachen werden gelb, wenn man sie an der Sonne trocknet. Deshalb: immer auf links drehen und ein schattiges Plätzchen zum Trocknen suchen.

8. Juli

(Namenstag für Kilian, Disibold, Amalberg und Edgar)

Bauernregeln

Kilian, der heilige Mann,
stellt die ersten Schnitter an.

An St. Kilian
säe Wicken und Rüben an.

Interessantes

Kilian, irischer Missionar im 7. Jahrhundert, dann Bischof von Würzburg, gilt als Patron der Tüncher und Weißbinder, gegen Augenkrankheiten, Gicht und Rheuma. An seinem Gedenktag, dem Kilianifest, erfreut sich die Wallfahrt zum Würzburger Neumünster bei
Pilgern von nah und fern großer Beliebtheit.

Tip des Tages

Nach einem Rezept des berühmten Nostradamus läßt sich in das Liebesleben folgendermaßen frischer Wind bringen: mit einem Tee aus
zehn Gramm Salbei, acht Gramm Bohnenkraut und fünf Gramm
Minze. Da werden müde Männer munter und Frauen schwach. Ausprobieren!

9. Juli

(Namenstag für Agilolf, Wigfrid, Johannes
und Andreas)

Bauernregel

Im Juli will der Bauer lieber schwitzen,
als untätig hinterm Ofen sitzen.

Tip des Tages

Fettflecken kann man bei allen Textilien mit Kartoffelmehl zu Leibe
rücken: das Kartoffelmehl dick auf den Fleck streuen, einreiben und
nach einer Stunde ausbürsten oder ausklopfen.

10. Juli

(Namenstag für Knud, Engelbert,
Alexander, Lantfrid und Olaf)

Philosophisches zum Tage

Mancher meint sich im Sattel
und hat noch keinen Fuß im Bügel.

Bauernregel

Wie's Wetter am Siebenbrüdertag,
es sieben Wochen bleiben mag.

Tip des Tages

Mit Salzwasser kann man vorbeugend die Atemwege desinfizieren, man kann es aber auch als Mund- und Gurgelwasser benutzen. Das erfrischt und ist gesund.

11. Juli

(Namenstag für Benedikt von Nursia, Rachel, Hildulf, Olga und Oliver)

Bauernregel

Juli Sonnenstrahl
gibt eine gute Rübenzahl.

Tip des Tages

Bekanntlich wissen immer die, die gerade keinen Schluckauf haben, den besten Rat. Einer davon: Versuchen Sie es mit einer Messerspitze Salz, das Sie auf der Zunge zergehen lassen. Ein anderer: So lange wie möglich die Luft anhalten. Aber Vorsicht – spätestens wenn Sie blau anlaufen, sollten Sie sicherheitshalber aufgeben.

12. Juli

(Namenstag für Fortunat, Sigisbert, Placidus, Nabor und Felix)

Bauernregel

Wenn's im Juli regnet,
man viel giftigem Mehltau begegnet.

Tip des Tages

Eine glänzende Idee: Blondes Haar nach dem Waschen mit kaltem oder lauwarmem Kamillentee nachspülen – das gibt Glanz und Fülle und frischt die Farbe auf.

Auch mit einigen Tropfen Zitronensaft vermischtes Wasser kann bei blondem Haar gute Dienste tun. Brünettes und rotes Haar frischt man übrigens mit einem kräftigen Schuß Apfelessig im Spülwasser auf.

13. Juli

(Namenstag für Heinrich II., Kunigunde, Joel, Silas und Sara)

Bauernregel

An Margareten Regen,
bringt Heu und Nüssen keinen Segen.

Tip des Tages

Käse bleibt länger frisch, wenn man ihn in ein mit Essig angefeuchtetes Tuch einwickelt. In einem kühlen Keller, wenn vorhanden, ist er sogar besser als im Kühlschrank aufgehoben.

Sollte der Käse nicht mehr »taufrisch« sein, kann man ihn einige Tage in dicke, saure Milch einlegen. Er wird dann wieder wie am ersten Tag schmecken.

14. Juli

(Namenstag für Kamillus, Ulrich von Regensburg, Markhelm,
Goswin und Roland)

Bauernregel

Viel Rosen –
scharfes Wintertosen.

Tip des Tages

Vor dem Sägen von Weichholz (z. B. Tanne oder Fichte) sollten Sie
das Sägeblatt mit Öl einreiben. Als Alternative bietet sich auch eine
ungesalzene Speckschwarte an. In beiden Fällen wird das Sägeblatt
es Ihnen mit zusätzlicher Schärfe danken.

15. Juli

(Namenstag für Bonaventura, Gumbert, Ceslaus, Bernhard, David und Heinrich)

Bauernregel

Im Juli ruft die Wachtel
die Schnitter ins Feld.

Tip des Tages

Es gibt kaum etwas Lästigeres als eine Sommergrippe. Folgendes
Hausmittel könnte Ihnen helfen: Bestreuen Sie einige dünne
Schwarzrettichscheiben mit Zucker und legen Sie sie eine Weile
übereinander. Nach etwa drei Stunden läßt sich dann ein Sirup ab-

gießen, den Sie anschließend löffelweise einnehmen sollten. Mehrmals wiederholt, soll diese Prozedur als »Grippekiller« wirken.

16. Juli

(Namenstag für Carmen, Monulf, Irmengard und Elvira)

Bauernregel

Ein tüchtig Juligewitter
ist gut für Winzer und Schnitter.

Tip des Tages

Bei Schuppen hat es sich angeblich bewährt, Haar und Kopfhaut mit Joghurt einzureiben, ihn etwa eine Stunde einwirken zu lassen und dann gründlich auszuwaschen.

17. Juli

(Namenstag für Livarius, Donata, Alexius, Marina, Gabriele und Charlotte)

Bauernregel

Regen an Alexe
wird zur alten Hexe.

Tip des Tages

Das Ende der Ameisenkarawane durch Ihre Wohnung: »Start und Ziel« der Ameisen sollten, wenn möglich, aufgestöbert, abgedichtet und dann die Ameisenstraße mit Talkum oder Kinderpuder bestreut werden.

18. Juli

(Namenstag für Arnulf, Answer, Odilia, Arnold, Friedrich und Thietmar)

Bauernregel

Nur in der Juliglut
wird Obst und Wein dir gut.

Tip des Tages

Wenn unsere geliebten Vierbeiner überall in der Wohnung Haare hinterlassen, streicht man besten mit einem mit Spiritus befeuchteten Schwämmchen über den Teppich.

19. Juli

(Namenstag für Poppo und Bernulf)

Bauernregel

Wenn im Juli die Immen noch bauen,
kannst du dich nach Holz und Torf umschauen.

Tip des Tages

Exklusive seidene Unterwäsche behält ihren Glanz, wenn man sie mit einem lauwarmen Sud von Efeublättern wäscht. Nachgespült wird mit Salzwasser samt einem Schuß Essig.

20. Juli

(Namenstag für Margareta, Wulmar und Bernhard)

Bauernregel

Margaretenregen bringt keinen Segen.

Tip des Tages

Durch Haltungsschäden oder eine übermäßig beanspruchte Wirbelsäule kann es zuweilen zu starken Nackenschmerzen kommen. Dagegen hilft möglicherweise die folgende kleine Akupressur-Übung: Sie drücken mit dem Daumen einer Hand die Innenseite des kleinen Fingers der anderen Hand, und zwar rund zwei Millimeter vom Nagelrand entfernt. Die Stelle ist leicht zu finden, da sie recht schmerzempfindlich ist. Anschließend drücken Sie mit dem Zeigefinger knapp oberhalb des Ellenbogens gegen den Oberarm, und schließlich greifen Sie auf den Rücken und massieren sich langsam und gleichmäßig zwischen Halsansatz und Schultern auf beiden Seiten. Zum Schluß pressen Sie die Übergangsstelle vom Oberarm zum Schlüsselbein und die mittlere Außenseite der Unterarme.

21. Juli

(Namenstag für Laurentius von Brindisi, Arbogast, Florentius und Stilla)

Bauernregel

Juliregen nimmt den Erntesegen.

Tip des Tages

Wozu Buttermilch nicht alles nützlich ist ... beispielsweise auch zum Entfernen von Obstflecken auf Textilien. Reiben Sie den Fleck mit Buttermilch vorsichtig ein, lassen Sie die Milch mindestens eine Stunde einwirken und waschen Sie das gute Stück schließlich lauwarm ab.

22. Juli

(Namenstag für Maria Magdalena, Verena und Eberhard)

Bauernregeln

Maria Magdalena weint um ihren Herrn,
drum regnet es an diesem Tage gern.

Am Tag der heiligen Magdalen,
kann man schon volle Nüsse sehn.

Interessantes

Wie die obige Bauernregel schon andeutet, sollte man an diesem Tag den Regenschirm besser nicht zu Hause lassen. Laut dem Hundertjährigen Kalender ist an kaum einem anderen Sommertag die Regenwahrscheinlichkeit höher – Ausnahmen bestätigen auch hier selbstverständlich die Regel!

Früher deutete man übrigens auch die Mondflecken als Magdalenas Tränen ...

23. Juli

(Namenstag für Birgitta von Schweden, Apollinaris und Liborius)

Bauernregeln

Was die Hundstage gießen,
muß die Traube büßen.

Hundstage heiß – Winter lange weiß.

Klar muß Apollinarius sein,
soll sich der Bauer freu'n.

Interessantes

Heute beginnen die sogenannten »Hundstage« (23. Juli bis 24. August). Mit den geliebten Vierbeinern hat diese Bezeichnung allerdings nichts zu tun. Der Name weist vielmehr auf den Sirius oder auch Hundsstern hin, der von heute an bis zum 22. August gleichzeitig mit der Sonne aufgeht.

24. Juli

(Namenstag für Christopherus, Ursicin, Christine, Siglind,
Kundigunde und Luise)

Bauernregel

Wenn im Juli die Ameisen ungewöhnlich tragen,
wollen sie einen frühen und harten Winter ansagen.

Interessantes

Der heilige Christopherus, an dessen Gedenktag gerne Kraftfahrzeuge gesegnet werden, wird auch der Verkehrssicherheit wegen angerufen. Medaillen mit seinem Abbild werden zum Beispiel von den Besitzern schneller Autos mitgeführt.

Tip des Tages

Wenn Sie sich bei sommerlichen Temperaturen zu ungewohnter sportlicher Betätigung hinreißen lassen, kann es leicht zu Muskelkater kommen. An heißen Tagen sollten Sie deshalb darauf verzichten und lieber nur leichte Gymnastik in Angriff nehmen.

Hilfreich bei Muskelkater ist ein heißes Bad mit anschließender Massage oder auch ein Saunabesuch. Wenn Ihnen das noch keine Linderung verschafft, können Sie die betroffenen Muskelpartien zusätzlich mit Tigerbalsam einreiben, einem jahrhundertealten Öl aus dem Fernen Osten, das unter anderem Menthol, Kampfer und Nelkenöl enthält.

25. Juli

(Namenstag für Jakobus, Thea, Godhalm und Thomas von Kempen)

Bauernregel

Um Jakobi heiß und trocken,
kann der Bauersmann frohlocken.

Interessantes

Heute feiern wir den Namenstag von Jakobus dem Älteren, dem Schutzheiligen der Krieger, der Arbeiter, der Apotheker, Hutmacher und Pilger. In ländlichen Bereichen genießt er noch heute als Patron für gutes Wetter, Äpfel und Feldfrüchte hohes Ansehen.

In seiner Person dürfte auch der Ursprung des Begriffs »Jakobsmuschel« liegen: Es heißt, daß Pilger, die dereinst ihr Ziel – das Grab des Jakobus – erreichten, einen mit einer großen Muschel geschmückten Hut bekamen.

Auf dem Land brachten die Bauern die ersten heranreifenden Äpfel am Jakobstag zur Segnung, man nannte diese frühen Früchte deshalb auch »Jakobs-Äpfel«.

Tip des Tages

Gern hinterlassen Schuhe auf Steinböden schwarze Streifen. Diese können Sie problemlos mit einem Radiergummi entfernen.

26. Juli

(Namenstag für Joachim, Anna, Gloriosa und Christiane)

Bauernregel

St. Anna klar und rein,
wird bald das Korn geborgen sein.

Tip des Tages

Beim Umgang mit elektrischem Strom gibt es eine goldene Regel: Fassen Sie niemals ein Elektrogerät an, wenn Sie nasse Hände haben oder auf feuchtem Untergrund stehen. Achten Sie auch darauf, daß Ihre Kinder kein Radio oder den Fön in die Nähe der Badewanne bringen. Ein Hineingleiten des Gerätes könnte tödliche Folgen haben.

27. Juli

(Namenstag für Magnerich, Waldrada, Bertold, Lukan und Natalie)

Bauernregel

Bei Donner im Julius,
viel Regen noch erwarten muß.

Tip des Tages

Bier ist nicht nur ein »Grundnahrungsmittel« in Bayern und im Ruhr-gebiet, es kann auch bei äußerlicher Anwendung recht nützlich sein. So glänzt beispielsweise Ihr Kupfergeschirr wieder wie neu, wenn Sie es nach der Reinigung mit dem Gerstensaft übergießen und an der Sonne trocknen lassen.

28. Juli

(Namenstag für Beatus, Bantus, Innonzenz I., Samson und Benno)

Philosophisches zum Tage

Dünger ist kein Heiliger,
aber er tut Wunder.

Bauernregel

Wenn die Sonne
in den Löwen geht,
die größte Hitze
alsdann entsteht.

Tip des Tages

Wenn Sie beim Ausbessern einer schadhaften Stelle im Kleiderfutter keinen geeigneten Stoff mehr zur Hand haben, dann trennen Sie einfach das Ärmelfutter heraus und verwenden dieses zum Ausbessern. Die unsichtbare Ärmelinnenseite können Sie dann wieder mit einem anderen Stoff füttern.

29. Juli

(Namenstag für Martha von Bethanien, Olaf II., Lucilla und Flora)

Bauernregel

Ist Florentine trocken blieben,
schickt sie Raupen in Korn und Rüben.

Tip des Tages

Sollte Ihre Gesichtshaut zu Trockenheit neigen, können Sie mit folgender Gesichtsmaske für Abhilfe sorgen: Einen Eßlöffel Erdnußbutter mit einem Eßlöffel Bienenhonig und einem Eigelb verrühren, auf Hals und Gesicht auftragen und nach einiger Zeit mit lauwarmem Wasser abwaschen. Anschließend ist die trockene Haut wieder glatt, weich und geschmeidig.

30. Juli

(Namenstag für
Petrus Chrysologus, Simplicius,
Faustinus und Beatrix)

Bauernregel

Ist's im Juli recht hell und warm,
friert's um Weihnachten Reich und Arm.

Tip des Tages

Mitesser lassen sich wesentlich leichter ausdrücken, wenn Sie Ihr Gesicht vor der Behandlung einem Dampfbad unterzogen haben. Noch besser ist es, wenn Sie dem Wasser – der entzündungshemmenden Wirkung wegen – Kamillenblüten hinzufügen. Durch das Dampfbad wird die Haut aufgeweicht, und die Poren öffnen sich.

31. Juli

(Namenstag für
Ignatius von Loyola,
Germanus, Herrmann und Goswin)

Bauernregel

Wer im Heuet nicht gabelt,
in der Ernte nicht zappelt,
im Herbste nicht früh aufsteht,
seh' zu, wie's ihm im Winter geht.

Interessantes

Am 31. Juli 1556 starb in Rom der baskische Ordensgründer und Mystiker Ignatius von Loyola. Der Sohn aus wohlhabender Familie, jüngstes von 13 Kindern, hatte zunächst eine militärische Karriere angestrebt. Bei der Verteidigung der spanischen Stadt Pamplona gegen die Mauren wurde er schwer verwundet und geriet auf seinem Krankenlager mit christlicher Literatur in Berührung.

Nach seiner Genesung ließ er sich unweit des berühmten Wallfahrtsortes Montserrat bei Barcelona als Einsiedler nieder, ehe er beschloß, seine Bildung zu verbessern und in Paris zu studieren. Mit sechs Gleichgesinnten legte er dort schließlich das Gelübde lebenslanger Armut und Keuschheit ab und wurde – inzwischen zum Priester geweiht – der Gründungsvater des Ordens der »Gesellschaft Jesu«, der später als »Die Jesuiten« bekannt werden sollte. Bereits rund 70 Jahre nach seinem Tod wurde Ignatius von Loyola heiliggesprochen.

August

Zu Ehren der »Blume auf dem Felde und der Lilie der Täler« feiern wir am 15. des Erntemonats das Kirchenfest »Mariä Himmelfahrt«. Bei diesem Marienfest werden mit einem liebevoll zusammengestellten Kräuterstrauß symbolisch die Gaben der Natur zur sogenannten Kräuterweihe in den Gottesdienst getragen. »Die Heilkraft der Kräuter soll durch die Fürbitte der Kirche dem ganzen Menschen zum Heil dienen ...« (Benediktionale). Der seit dem 10. Jahrhundert gepflegte Brauch der Kräuterweihe hat sich vermutlich aus verschiedenen Legenden um Maria entwickelt. So sollen zum Beispiel die Apostel das Grab der Gottesmutter geöffnet und statt des Leichnams ein Blumenbeet und Kräuter vorgefunden haben. Die Zusammensetzung der Kräutersträuße, die vor dem Hochamt in der katholischen Kirche gesegnet werden, variiert von Landstrich zu Landstrich. Alten Schriften und mündlichen Überlieferungen zufolge war die Anzahl der Kräuter und Pflanzen auf 77 festgelegt. Zu einem vollständigen Bund gehörten zum Beispiel Königskerze, Spitzwegerich, Kamille, Holunder sowie die Ähren der typischen Getreidesorten.

1. August

(Namenstag für Alfons, Maria, Kined [Kenned],
Ulrich, Fides und Caritas)

Bauernregel

Ist's von Petri bis Lorenz heiß,
dann bleibt der Winter weiß.

Tip des Tages

Ranzige Butter können Sie wieder als Aufstrich verwenden, wenn sie
vorher mit einer Natronlösung (eine Messerspitze Natron auf einen
halben Liter Wasser) oder mit leicht gesalzener Milch gründlich
durchgeknetet wurde.

2. August

(Namenstag für
Eusebius und Gundekar II.)

Philosophisches zum Tage

Es ist schon dafür gesorgt,
daß die Bäume nicht in den Himmel wachsen.

Bauernregel

Fängt der August mit Hitze an,
bleibt auch lang die Schlittenbahn.

Tip des Tages

Kaum ein Thema berührt den modernen schönheitsbewußten Mann so sehr wie der Verlust seines Haupthaares. Ein Patentrezept können auch wir leider nicht anbieten, aber wir können Ihnen zumindest verraten, wie Sie den unvermeidlichen Prozeß etwas hinauszögern: Regelmäßige Kopfwäschen mit sehr starkem Kamillentee sollen hierbei ebenso helfen wie die tägliche Kopfmassage mit eiskaltem Wasser. Anschließend kräftig frottieren, bis der Kopf wieder richtig warm geworden ist. Übrigens: Vom Tragen jeglicher Kopfbedeckungen wird allenthalben abgeraten – gesundes Haar braucht frische Luft!

3. August

(Namenstag für
Lydia, Benno und Burchhard)

Bauernregel

Einer Rebe, einer Geiß
wird's im August nie zu heiß.

Tip des Tages

Empfehlenswert ist an heißen Tagen Großmutters Rezept für ein wohlschmeckendes Erfrischungsgetränk: Fügen Sie einem Glas kaltem Wasser Zucker, Zitronensaft oder Essig und einen halben Löffel Natron hinzu. Dieses Getränk läßt sich auf der Basis verschiedener Obstsäfte bestens variieren.

4. August

(Namenstag für Johannes und Maria Vianney)

Bauernregel

Hitze an St. Dominikus –
ein strenger Winter kommen muß.

Tip des Tages

Splitter in der Haut lassen sich mit einer Pinzette entfernen. Noch leichter geht es allerdings, wenn man einige Tropfen flüssiges Wachs auf die Stelle träufelt, es erstarren läßt und dann mit einem Ruck wieder abzieht.

5. August

(Namenstag für Oswald, Dominika und Stanislaus Hosius)

Bauernregeln

Oswaldtag muß trocken sein,
sonst werden teuer Korn und Wein.

Regen an Mariaschnee
tut dem Korn empfindlich weh.

Tip des Tages

Leder, Filz und schwere Stoffe lassen sich besser und um einiges haltbarer nähen, wenn man den Faden vor dem Nähen mit Paraffin einreibt.

6. August

(Namenstag für Gezelin, Sixtus II., Dominikus, Praxedis, Eigil, Schetzel,
Gilbert, Hermann und Felizissimus)

Philosophisches zum Tage

Man kann die Birke schütteln wie man will,
es fallen keine Nüsse herab.

Bauernregel

August soll sein ein Augentrost,
macht zeitig Korn und Most.

Tip des Tages

Disteln werden seit jeher ganz unterschiedliche Eigenschaften an-
gedichtet. So hängt man sie beispielsweise in ländlichen Gebieten
als Schutz vor Blitz und Donner an Stalltüren auf. Allgemein gelten
Disteln als Symbol für Leiden, Mühsal, Unnahbarkeit, Kraft – aber
auch als Zeichen für Treue und Potenz.

7. August

(Namenstag für Kajetan, Juliana, Donatus und Afra von Augsburg)

Bauernregel

Sankt Afra Regen
kommt dem Bauer ungelegen.

Interessantes

Afra – die Patronin der Diözese Augsburg, Schutzheilige der Büßerinnen, der armen Seelen sowie der Heilkräuter – soll der Legende nach im Jahre 304 – in den Zeiten der Christenverfolgung – unter Kaiser Diokletian wegen ihres unbeirrbaren Gottesglaubens den Martertod gestorben sein. An einen brennenden Baum gebunden, sind ihr angeblich selbst unter schlimmsten Qualen keine Klagelaute über die Lippen gekommen.

8. August

(Namenstag für Dominikus, Cyriakus, Hildiger,
Famian und Rathard)

Bauernregel

Fängt der August mit Donnern an,
er's bis zum End' nicht lassen kann.

Tip des Tages

Gegen Haarausfall hat sich die Zwiebel als billiges und gutes Hausmittel bewährt: Bearbeiten Sie die Kopfhaut mit der Schnittfläche einer halbierten Zwiebel. Die Haarwurzeln werden durch die enthaltenen Vitamine gekräftigt. Wenn Sie anschließend mit einem einfachen Haarwasser die Kopfhaut abreiben, bleibt von dem Zwiebelgeruch nichts zurück.

9. August

(Namenstag für Edith und Hathumar)

Bauernregel

Nebel im August,
ein kalter Winter.

Tip des Tages

Sollten Sie den Fliegen nicht mit der altbewährten Fliegenklatsche
zu Leibe rücken wollen, tun es auch getrocknete Holunderblüten, die
büschelweise in den Räumen aufgehängt werden.

10. August

(Namenstag für Laurentius,
Asteria und Plektrud)

Bauernregeln

Kommt Laurentius daher,
wächst das Holz nicht mehr.

Ab Laurentius
man pflügen muß.

Interessantes

Die mit Laurentius, der als junger Diakon nach Rom gekommen war, verbundenen Attribute – Geldbeutel und Brot – weisen auf seine aufopfernde Fürsorge für die Armen hin, unter denen er der Legende nach die Schätze der Kirche verteilt hat.

Dem römischen Kaiser Valerius, der die Herausgabe der Kirchenschätze zur Aufbesserung der Staatsfinanzen verlangt hatte, präsentierte Laurentius die beschenkten Menschen als »die wahren Schätze der Kirche«. Der Kaiser ließ Laurentius daraufhin am 10. August 258 zunächst foltern und anschließend den Feuertod sterben.

11. August

(Namenstag für Klara, Schetzel,
Susanna, Donald, Philomena
und Nikolaus von Kues)

Bauernregel

Ein Regen im August
ist für den Wald Erquickungslust.

Tip des Tages

Zur Vorbeugung gegen den berüchtigten »Kloß im Hals« soll ein Tee aus Königskerze wahre Wunder wirken. Dazu werden zwei Eßlöffel getrocknete Blüten der Königskerze mit einem Viertelliter kochenden Wassers übergossen. Den Tee so lange ziehen lassen, bis das Wasser gelb wird. Danach durch ein Tuch abseihen. Zwei Tassen sollte man täglich davon trinken.

12. August

(Namenstag für Radegund,
Johannes und Karl)

Philosophisches zum Tage

Wenn der Bauer den Advokaten besucht,
so besucht der Advokat des Bauern Vorratskammer.

Bauernregel

Der August vergeht,
indem der Bauer mäht.

Interessantes

Gemüse und Obst sollte generell vor zehn Uhr morgens geerntet
werden, dann haben sie besonders viel Aroma. So sagt es jedenfalls
der Hundertjährige Kalender.

13. August

(Namenstag für Hippolyt, Wigbert, Gertrud,
Hariolf, Johannes, Gerold, Markus, Radegund
und Kassian)

Bauernregel

Wie das Wetter an Kassian,
hält es mehrere Tage an.

Tip des Tages

Wenn ein Erntetag besonders trocken ist, sollten Sie vor der Ernte noch einmal wässern, sonst ist dem Obst zuviel Feuchtigkeit entzogen worden.

14. August

(Namenstag für Maximilian Kolbe, Werenfried, Meinhard und
Eberhard von Einsiedeln)

Bauernregel

Dem August sind Donner nicht Schande,
sie nützen der Luft und dem Lande.

Tip des Tages

Schon seit vielen Generationen weiß man die harnsteinlösende Wirkung von Meerrettich zu schätzen. Nach altem Volksrezept werden acht Scheiben des geschabten Meerrettichs mit einer Tasse Weißwein angegossen und über Nacht stehengelassen. Der durchgesiebte Saft wird am nächsten Morgen in kleinen Schlückchen eingenommen.

15. August

(Namenstag für Assunta, Rupert, Johann Adam,
Berhard, Altfrid, Stephan I. und Stanislaus)

Bauernregeln

Wer Rüben will, recht gut und zart,
sä' sie an Maria Himmelfahrt.

Leuchten vor Maria Himmelfahrt die Sterne,
dann hält sich das Wetter gerne.

Wie das Wetter am Himmelfahrtstag,
so es noch zwei Wochen sein mag.

Interessantes

Erinnert wird heute an die Aufnahme Marias in den Himmel und ihrer Benennung als »Königin der Engel«.

Nach Maria Himmelfahrt dauert es noch dreißig Tage bis zur »Kreuzerhöhung«. Eine – so die Überlieferung – segensreiche Zeit für Wurzeln und Kräuter. Darum sollte man zum Beispiel vorzugsweise an diesem Tag nach der heilenden Baldrianwurzel graben.

16. August

(Namenstag für Theodor, Altfrid, Rochus und Christian)

Bauernregel

Wenn St. Rochus trübe schaut,
kommen die Raupen in das Kraut.

Interessantes

Rochus von Montpellier, dessen Namenstag heute gedacht wird, wurde früher gegen die Pest, Seuchen, Cholera, Tollwut und Unglücksfälle angerufen. In Abbildungen findet man den Schutzheiligen der Kranken und Krankenhäuser, der Bauern und Bürstenbinder oft zusammen mit dem heiligen Sebastian dargestellt. Als Attribute wurden ihm Stab, Tasche, Schwert und Hund beigegeben.

17. August

(Namenstag für Hyazinth, Karlmann, Jeron und Guda [Jutta] von Arnstein)

Bauernregel

Was der August nicht kocht,
kann der September nicht mehr braten.

Tip des Tages

Schimmel an Schinken und Wurst läßt sich verhindern, indem man sie mit einem Brei aus Salz und Wasser bestreicht. Es bildet sich eine Salzkruste, die Schimmelansätze abtötet.

18. August

(Namenstag für Helene, Klaudia und Perfektus)

Philosophisches zum Tage

Es sieht mancher gen Himmel und
weiß nicht, wie's Wetter werden wird.

Bauernregel

Wenn's im August
ohne Regen abgeht,
das Pferd mager
vor der Krippe steht.

Tip des Tages

Bei einem Wadenkrampf legen Sie sich auf den Rücken, spreizen
leicht die Beine, schließen die Augen und versuchen, ruhig zu atmen.
Oder massieren und schütteln Sie Ihre Beine – gegebenenfalls auch
im Anschluß an die Entspannung. Eine Tasse frisch gebrühter Tee
aus einem Teelöffel Baldrian kann ebenfalls helfen.

19. August

(Namenstag für Johannes Eudes, Sebald, Bertulf,
Sigbert, Reginlind und Charitas)

Bauernregel

Tau im August ist ungesund,
drum wisch die Frucht hübsch vor dem Mund.

Tip des Tages

Der Regenwurm ist ein unersetzlicher Helfer beim Auflockern und
Umgraben Ihres Gartens. Wenn Sie den Garten regelmäßig mul-
chen und damit für einen feuchteren Boden sorgen, helfen Sie dem
Regenwurm, die oberen Bodenschichten auch noch bei größerer
Trockenheit zu durchwühlen.

20. August

(Namenstag für Bernhard von Clairvaux, Samuel, Oswin,
Burchard, Ronald und Pius X.)

Bauernregel

Richt' Äcker im August zur Wintersaat,
sammle Eier ein, soviel dein Vorrat hat!

Tip des Tages

Zum Reinigen der Nagelfeile findet sich ein simpler Trick aus
Großmutters Erfahrungskiste: Beide Seiten der Nagelfeile jeweils mit
einem Heftpflaster bekleben, fest andrücken und dann mit einem
Ruck abziehen – Schmutz- und Hornreste bleiben darin hängen.

21. August

(Namenstag für Balduin und Gratia)

Bauernregel

Augustsonne, die schon sehr frühe brennt,
nimmt nachmittags kein gutes End'.

Tip des Tages

Würzen einmal anders: Mit Hilfe eines Mörsers können Sie Gewürze
selber herstellen. Dieses praktische Haushaltsgerät ist in Zeiten der
technischen Küchenhilfen immer mehr in Vergessenheit geraten.
Jahrhundertelang in Apotheken und Haushalten ein notwendiges

Utensil, weiß man es heutzutage wieder zu schätzen: Sie entscheiden, wie fein oder grob das Gewürz gemahlen wird, zudem kann sich das Aroma der frisch zerkleinerten Gewürze viel besser entfalten.

22. August

(Namenstag für Regina und Sigfrid)

Philosophisches zum Tage

Wenn der Gärtner schläft,
pflanzt der Teufel Unkraut.

Bauernregel

Was August nicht vermocht,
kein September mehr kocht.

Tip des Tages

Kauen Sie hin und wieder, vor allem aber nach jeder Mahlzeit eine ganze Gewürznelke.
Das wirkt unangenehmem Mundgeruch entgegen.

23. August

(Namenstag für Richild und Rosa von Lima)

Bauernregel

Der August reift –
der September greift.

Tip des Tages

Nach dem Abwaschen einer Maske sowie nach einem Dampfbad sollte das Gesicht stets mit kaltem Wasser abgespült werden. Dadurch schließen sich die Poren der Haut schneller und können Schmutzpartikel besser abwehren.

24. August

(Namenstag für Bartholomäus, Sandrad, Karl, Amadeus,
Rosa und Jeanne-Antide)

Bauernregeln

Ist Lorenz und Bartel schön,
bleiben die Kräuter lange noch stehen.

Wettert es an St. Bartholomä,
kommt bald Hagel, kommt bald Schnee.

Interessantes

Bartholomäus, Apostel und Märtyrer, ist Schutzheiliger unter anderem der Bergleute, Metzger, Buchbinder, Bauern und Winzer. Negativ behaftet ist allerdings die sogenannte »Bartholomäusnacht« im Jahr 1572, in der Katharina von Medici 2000 protestantische Hugenotten ermorden ließ.

25. August

(Namenstag für Patricia, Elvira, Ebba, Wichmann, Christoph und Gregor)

Philosophisches zum Tage

Wo kein Hahn ist,
da kräht die älteste Henne.

Bauernregel

August soll sein ein Augentrost,
macht zeitig Korn und Most.

Tip des Tages

Alte Mülleimer werden wieder appetitlich sauber, wenn man sie mit
Chlorbleichlauge behandelt. Kurz einwirken lassen, dann gründlich
durchspülen und trocknen lassen.

26. August

(Namenstag für Gregor von Utrecht)

Bauernregel

Der August muß Hitze haben,
sonst Obstbaumsegen wird begraben.

Tip des Tages

Franzbranntwein, morgens und abends in die Hände eingerieben,
verhindert die Bildung von Handschweiß.

27. August

(Namenstag für Monika, Gebhard, Cäsarius und Guarin)

Bauernregel

Wer schläft im August,
der schläft zu seinem eigenen Verlust.

Tip des Tages

Die Vitalkur für müde Beine: Baden Sie die überanstrengten Beine
in Salzwasser und reiben Sie sie danach mit einer Zitronenscheibe
ein.

28. August

(Namenstag für Augustin, Elmar und Adeline)

Philosophisches zum Tage

Mit Äuglein und Wangen
werden Burschen gefangen.

Bauernregel

An Augustin ziehn
die Wetter (oder warme Tage) hin.

Tip des Tages

Wenn von Februar bis August der zunehmende Mond im Löwen
steht, ist das die optimale Zeit für die Haarpflege, so sagt es jedenfalls der Hundertjährige Kalender.

29. August

(Namenstag für Sabina, Theodora, Beatrix und Bronislawa)

Philosophisches zum Tage

Macht der August
den Menschen heiß,
geraten sie leicht in Schweiß.

Bauernregel

Je dichter der Regen im August,
je dünner wird der Most.

Tip des Tages

Nicht immer hat man nach dem Essen die Möglichkeit zum Zähneputzen. Hier hat sich das Verspeisen eines Apfels als guter Ersatz bewährt.

30. August

(Namenstag für Heribert, Amadeus, Rebekka, Felix, Ingoberg,
Amaltrud, Rizza und Adelphus)

Bauernregel

Bischof Felix zeiget an,
was wir in 40 Tag' für Wetter ha'n.

Tip des Tages

Bei leichtem Sonnenbrand bringt Leinsamenbrei rasche Linderung. Als Alternative können Sie auf die betroffenen Stellen auch mit saurer Milch oder Wasser verdünnten Quark auflegen.

31. August

(Namenstag für Paulin, Wala und Raimund Nonnatus)

Bauernregel

Der August vergeht,
indem der Bauer mäht.

Tip des Tages

Generell eignet sich – laut dem Hundertjährigen Kalender – zum Zurückschneiden von Pflanzen der abnehmende Mond oder ein absteigendes Tierkreiszeichen.

September

September, Monat im Zwielicht. Der Sommer vergeht wehmütig am dunkelroten Horizont, und mit kräftigen Winden aus Westen kündigt sich der Jahreszeitenwechsel an. Die Tage werden wieder kürzer, die Nächte kühler, und in den Morgenstunden bedeckt eine dichte Nebeldecke die flußnahen Felder und Wiesen.

In den meisten Bundesländern beginnt in diesem Monat auch wieder der »Ernst des Lebens«: Die großen Ferien sind vorbei, Schülerlotsen bugsieren aufgeregte Kinder über die Zebrastreifen und bewahren die Erstkläßler davor, im Getümmel verlorenzugehen. Es ist eine betriebsame Zeit, in der sich am Himmel zuweilen auch der majestätische Zug der Störche und Wildgänse Richtung Süden beobachten läßt. In den Almhütten neigt sich für die Sennerburschen die Zeit der Einsamkeit dem Ende zu, denn allmählich gilt es, den Abtrieb des Viehs von den Sommerweiden vorzubereiten. September, Monat des Übergangs – nicht mehr Sommer und noch nicht Herbst.

1. September

(Namenstag für Ägidius, Pelagius, Verena, Bronislawa, Ruth und Alois)

Bauernregeln

Gib auf Ägidius gut acht,
er sagt dir, was der Monat macht.

Kommt Verena mit dem Krüglein an,
zeigt einen Herbst dies an.

Ist Aegidi ein heller Tag,
ich dir schönen Herbst ansag'.

Interessantes

Am Tag des heiligen Ägidius schickten sich vielerorts die Bauern an, die Roggensaat auszubringen. Manche Bauern mischten ihrem Vieh an diesem Tag geweihten Fenchel unters Futter. Daß in Abbildungen Ägidius – meist mit einer Hirschkuh – in einer Höhle dargestellt ist, mag in einer der vielen Legenden begründet liegen, nach denen sich eine vor den Pfeilen des Königs fliehende Hirschkuh in seinen Schutz begab. Als der König blindlings Pfeil und Bogen in die von Gestrüpp zugewucherte Höhlenöffnung schoß, soll Ägidius getroffen worden sein.

2. September

(Namenstag für Nonnosus, Apollinaris, Franz Urban,
Wolfsind von Reisbach, Ingrid und Emmerich)

Bauernregel

Im September Wässerung,
ist der Wiesen Besserung.

Tip des Tages

Trockensträuße sehen wieder frisch aus, wenn der Staub vorsichtig abgeschüttelt und der Strauß danach mit Haarspray eingesprüht wird.

3. September

(Namenstag für Gregor den Großen und Sophie)

Bauernregel

Sitzen die Birnen fest am Stiel,
bringt der Winter Kälte viel.

Tip des Tages

Bei Verbänden, die zu lange auf der Wunde belassen werden, verwachsen die Textilfasern schnell mit dem Wundfleisch. Man kann sie herauslösen, indem man die verbundene Stelle in ein Schälchen mit Honig hält oder die Wunde mit Verband so lange mit Honig beträufelt, bis sich alles gelöst hat.

4. September

(Namenstag für Remaklus, Swigbert, Ida von Herzfeld, Iris, Rosalia,
Rosa und Antonius)

Philosophisches zum Tage

Geht der Hirsch
naß in die Brunst,
so kommt er trocken heraus.

Bauernregel

Wenn Septemberregen den Weinberg trifft,
so ist der Wein schlimmer als Gift.

Tip des Tages

Angebrannte oder überkochende Speisen wie z. B. Milch riechen
unangenehm. Streuen Sie einige Wacholderbeeren auf die heiße
Herdplatte – sie werden »geräuchert« und verbreiten so einen angenehmen Geruch.

5. September

(Namenstag für Maria Theresia von Wüllenweber
und Roswitha von Gandersheim)

Bauernregel

Warmer und trockener Septembermond,
mit reifen Früchten reichlich belohnt.

Tip des Tages

Sagen Sie fettiger oder unreiner Haut mit einem alten Rezept den Kampf an: Für eine Leinsamen-Maske vermengen Sie zwei bis drei Eßlöffel fein geschroteten Leinsamen mit drei bis vier Eßlöffeln kochendheißer Milch. Dieser Brei wird so heiß, wie es für Sie verträglich ist, auf Gesicht und Hals aufgetragen. Eine feucht-heiße Kompresse darüberlegen, um die Temperatur zu halten. Mindestens zwanzig Minuten einwirken lassen, mit sehr warmem Wasser abwaschen und kalt nachspülen.

6. September

(Namenstag für Magnus – Apostel des Allgäus,
Gundolf, Eskil von Lund, Theobald, Alexius, Bernhardin und Zachäus)

Bauernregel

An St. Mang sät der Bauer den ersten Strang.

Tip des Tages

Äpfel enthalten Pektin, ein Stoff, der die Feuchtigkeitsaufnahme der Haut steigert und somit auch der Faltenbildung vorbeugen kann. Für eine Maske schälen und reiben Sie einen säuerlichen Apfel und mischen die Masse mit einem Eßlöffel Hafermehl. Reiben Sie die Haut zuerst mit der Innenseite der Apfelschale ab, tragen Sie dann die Maske für kurze Zeit auf, und spülen Sie sie zunächst mit lauwarmem und anschließend mit kaltem Wasser ab.

7. September

(Namenstag für Otto von Freising, Markus Stephan,
Melchior, Stephan und Judith)

Philosophisches zum Tage

Am jungen Licht
ein schwarzes Horn –
im alten wird's
ein Regenbogen.

Bauernregel

Ist Regine warm und wonnig,
bleibt das Wetter lange sonnig.

Tip des Tages

Das sagt der Mondkalender: Im Garten reifen jetzt diejenigen Apfelsorten, die sich gut zum Einlagern für den Winter eignen. Ernten Sie an Tagen aufsteigender Sternzeichen – Schütze bis Zwilling –, nicht aber an den Fischen.

8. September

(Namenstag für Maria, Hadrian [Adrian], Sergius I., Franz, Alan,
Korbinian und Stephan)

Bauernregel

Maria gebor'n –
Bauer, sä' dein Korn.

Interessantes

Heute wird der Geburtstag der Jungfrau Maria gefeiert, der von der Landbevölkerung zuweilen immer noch als »kleiner Frauentag« bezeichnet wird. Angeblich verkriechen sich an diesem Datum auch die Schlangen, um Schutz vor der bevorstehenden Kälte zu suchen. Ein alter Brauch besagt, daß der Bauer heute die letzte Garbe als Gabe für die Armen und Hirten auf dem Felde stehen lassen sollte.

Tip des Tages

Honig zieht rasch Feuchtigkeit und fremde Gerüche an. Deshalb sollte er immer trocken, kühl und lichtgeschützt in fest verschlossenen Gefäßen aufbewahrt werden.

9. September

(Namenstag für Gorgonius, Audomar [Otmar] und Orthold von Osterhofen)

Bauernregeln

St. Gorgon treibt die Lerchen davon.

Bringt St. Gorgen Regen,
folgt ein Herbst mit bösen Wegen.

Interessantes

Gorgonius von Rom starb um 305 als Märtyrer in den Zeiten der Christenverfolgung unter Kaiser Diokletian.

Alten Überlieferungen zufolge soll Gorgonius auf einem frühchristlichen Friedhof an der römischen Via Labicana beigesetzt sein, heute eine vielbefahrene Straße an der Ostseite des Kolosseums in Rom.

Gorgonius ist Patron der westfälischen Stadt Minden, deren Dom bis heute den Namen des Märtyrers trägt.

Tip des Tages

So manchen verwöhnten Gaumen ekelt es bei der Vorstellung vom »Häutchen« auf abgekochter Milch. Dieses läßt sich vermeiden, indem man die Milch nach dem Kochen in ein eiskaltes Wasserbad stellt und bis zum Erkalten umrührt. Dieselbe Wirkung erzielen Sie, wenn Sie die Milch sofort nach dem Kochen mit dem Quirl schaumig rühren.

10. September

(Namenstag für Theodard, Pulcheria und Nikolaus von Tolentino)

Bauernregel

Wenn im September
viel Spinnen kriechen,
sie einen harten Winter riechen.

Tip des Tages

Sie können Ihren Balkon auch um diese Jahreszeit noch zum Blühen bringen – mit Pflanzen, die man im Herbst setzen kann und die mitunter bis zum Wintereinbruch halten, wie zum Beispiel Erika, Chrysanthemen oder Veronika.

11. September

(Namenstag für Felix und Regula von Zürich, Maternus von Köln,
Adelmar, Willibert von Köln und Josef)

Bauernregel

Wenn's an Protus nicht näßt,
ein dürrer Herbst sich erhoffen läßt.

Tip des Tages

Wintersalat kann von jetzt an bis Ende Oktober eingesetzt werden:
Pro zehn Quadratmeter 250 Pflänzchen in einem Reihenabstand
von 30 Zentimetern und einem Pflanzenabstand von 25 bis 30 Zentimetern setzen.

12. September

(Namenstag für Maria, Gerfrid, Guido, Degenhard und Maximin)

Bauernregeln

An Mariä Namen
kommen die Schwalben zusammen.

Noch besser klingt es jedoch mundartlich:

An Mariä Nam'
kimma d'Schwalb'n z'sam.

Tip des Tages

So messen Sie richtig Puls: Zählen Sie an der Hals- oder Hand-
schlagader zehn Sekunden lang die Herzschläge mit und multipli-
zieren Sie diese Zahl dann mit 6, um auf den Wert für 60 Sekunden
zu kommen. Ein normaler Puls liegt übrigens zwischen 70 und
90 Schlägen pro Minute.

13. September

(Namenstag für Johannes Chrysostomus, Notburg von Tirol,
Tobias und Amatus)

Bauernregel

Warme Nächte bringen
Herrenwein –
bei kalten Nächten wird
er sauer sein.

Interessantes

In Innsbruck und Salzburg wird am 13. September der Notburga, einer Dienstmagd aus dem Tirol des 14. Jahrhunderts, wegen ihrer
frommen Tüchtigkeit und der angeblich von ihr vollbrachten Wunder gedacht. Sie gilt als Patronin der Mägde, des Feierabends und
auch bei allen Nöten in der Landwirtschaft. Einer Legende nach soll
sie, als ihr noch nach dem Feierabendläuten von ihrem Dienstherrn
das Schneiden von Weizen aufgetragen wurde, laut »Feierabend« ge-
rufen und die Sichel in die Höhe geschleudert haben. Das Arbeits-
gerät soll danach regungslos in der Luft geschwebt haben.

14. September

(Namenstag für
Conan von Irland)

Bauernregel

Späte Rosen im Garten, schöner Herbst
– und der Winter läßt warten.

Interessantes

Wenn morgens nach dem Regen der Himmel tiefblau bleibt, bleibt
auch das Wetter schlecht, besagt der Bauernkalender.

Tip des Tages

Ofenruß läßt sich verhindern, wenn man eine Handvoll frischer Kar-
toffelschalen in das brennende Feuer wirft. Danach müssen die
Türen des Ofens verschlossen werden.

15. September

(Namenstag für Dolores, Dolorosa, Melitta [Melissa],
Notburg von Hochhausen, Ludmilla,
Roland [Orlando], Avia und Josef)

Bauernregel

St. Ludmilla, das fromme Kind,
bringt gern Regen und viel Wind.

Tip des Tages

Die Farbe von Eichenmöbeln bekommt durch die Reinigung mit lauwarmem Bier wieder neue Frische und Glanz. Nachpoliert wird mit einem Stück Leinen.

16. September

(Namenstag für Kornelius, Cyprian, Julia, Hadwart, Edith und Martin I.)

Bauernregel

Nach Septembergewittern wird
man im Februar vor Kälte zittern.

Tip des Tages

Klaviertasten behalten ihren Glanz, wenn man sie mit Zahnpasta auf einem gut feuchten Tuch abreibt, dann trocken nachwischt und mit einem weichen Tuch poliert.

17. September

(Namenstag für Robert Bellermin, Hildegard von Bingen,
Lambert, Ariadne und Baduard)

Bauernregeln

Lamberti nimm Kartoffel raus,
doch breite ihr Kraut auf dem Felde aus;
der Boden will für seine Gaben
doch ihr Geripppe wiederhaben.

Trocken wird das Frühjahr sein,
ist St. Lambert klar und rein.

Interessantes

Hildegard von Bingen, Äbtissin, Mystikerin und Patronin der Natur-
wissenschaftler, Sprachforscher und Esperantisten, hatte schon seit
ihrer Kindheit regelmäßig Visionen, die die Grundlage ihrer späteren geistlichen Schriften bildeten. Der Name der Äbtissin vom Ru-
pertsberg gilt als ein fester Begriff in der deutschen Mystik, ebenso
ging sie als erste schriftstellernde Ärztin in die deutsche Geschichte
ein. Vor allem in jüngerer Zeit gelangte Hildegard von Bingens Lehre
im Bereich von Gesundheit, Ernährung und Kräuterheilkraft wieder
zu hohem Ansehen.

Tip des Tages

Hildegard von Bingens universelles Grippemittel – zum Beispiel gegen Husten – ist eine Mischung aus Pelargonienpulver, Betrampul-
ver und Muskat, die in einen Pfannkuchen eingearbeitet und mit Äp-
feln und Zucker gegessen werden kann.

18. September

(Namenstag für Richardis und Lantpert von Freising)

Philosophisches zum Tage

Schlachtet der Bauer eine Henne,
so ist die Henne krank
oder der Bauer.

Bauernregel

Durch Septembers heit'ren Blick,
schaut manchmal der Mai zurück.

Tip des Tages

Zwei- bis dreimal täglich Stirn, Schläfen, Brust und Magengegend
mit frisch gepreßtem Fenchelsaft einreiben soll gegen Depressionen
helfen.

19. September

(Namenstag für Januarius, Albert, Theodor von Canterbury,
Igor und Bertold)

Bauernregel

Donnert's im September noch,
liegt der Schnee um Weihnacht hoch.

Tip des Tages

Fencheltee ist ein altbewährtes, universelles Hausmittel, das gern bei
Blähungen, Magen-Darm-Beschwerden und Mundgeruch, zur Vorbeugung gegen Grippe und bei Verstopfung getrunken wird.

20. September

(Namenstag für Eustachius und Warin)

Bauernregel

Frische Septemberluft
den Jäger zum Jagen ruft.

Tip des Tages

Lästiger Tabakgeruch verschwindet, wenn Sie ein großes, flaches Gefäß mit Essigwasser aufstellen und die Teppiche mit Essigwasser abreiben. Das frischt ganz nebenbei auch die Farben auf.

21. September

(Namenstag für Matthäus, Debora, Jonas und Wulftrud)

Bauernregeln

Tritt Matthäus ein,
soll die Saat vollendet sein.

Wie's Matthis treibt,
es vier Wochen bleibt.

Interessantes

Vor seiner Berufung zu einem der zwölf Apostel gehörte Matthäus dem bei seinen Mitmenschen wenig geschätzten Stand der Zolleintreiber an. So weist auch der Spruch »Matthäi am letzten ist« darauf hin, daß er Patron der Finanz-, Steuer-, Zoll- und Bankbeamten ist. Der Spruch in leicht abgewandelter Form – »Bei ihm ist Matthäi am letzten« – will sagen, daß jemand kein Geld mehr hat.

Im alten Bauernkalender galt der 21. September als Winteranfang. Kindern, die in der Matthäi-Nacht zur Welt kamen, wurde früher nachgesagt, daß sie »geistersichtig« werden würden.

22. September

(Namenstag für Mauritius, Emmeram, Liutrud, Gunthild und Otto)

Philosophisches zum Tage

> Von wenig Essen ist noch nie
> einer krank geworden,
> aber wenn er zuviel frißt.

Bauernregel

> Zeigt sich klar Mauritius,
> viele Stürm' er bringen muß.

Interessantes

Die »verworfenen Tage« – lateinisch »dies atri« (Erläuterung siehe 18. Juni) – dauern im September vom 21. bis zum 28.

23. September

(Namenstag für Basin, Linus, Thekla, Rotrud und Gerhild von Konstanz)

Bauernregel

Septemberregen – dem Bauer zum Segen,
dem Winzer ein Gift, wenn er ihn trifft.

Tip des Tages

Wenn die Haut durch Sonne und Wind ausgetrocknet ist, hilft eine
feuchtigkeitsspendende Packung aus Bananen und Honig. Dazu
wird eine Banane mit der Hälfte ihrer Schale und einem halben
Eßlöffel Bienenhonig im Mixer verquirlt, bis die Masse flüssig ist. Die
Mischung auf dem gereinigten Gesicht verteilen und eine halbe
Stunde einziehen lassen. Danach mit lauwarmem Wasser gut abwaschen.

24. September

(Namenstag für Rupert von Worms, Virgil, Mercedes, Gerhard und
Hermann von der Reichenau)

Bauernregel

Wenn der September noch donnern kann,
setzen die Bäume viel Blüten an.

Tip des Tages

Im Laufe der Jahre matt gewordener Goldschmuck glänzt wieder,
wenn man ihn mit dem Saft einer Zwiebel einreibt. Lassen Sie den

Zwiebelsaft mehrere Stunden einwirken, danach putzen Sie das Gold mit einem weichen Tuch schön blank.

Goldborten werden mit einer aufgeschnittenen Zwiebel abgerieben und mit klarem Wasser nachgespült.

25. September

(Namenstag für Nikolaus von Flüe, Firmin, Wigger und Gottfried)

Bauernregel

Nebelt's an St. Kleophas,
wird der ganze Winter naß.

Tip des Tages

Das Kleben von Papier auf Metallflächen gelingt nicht leicht. Behelfen Sie sich mit einem kleinen Trick: Zunächst waschen Sie die zu beklebende Stelle gründlich mit einer Sodalösung ab. Anschließend reiben Sie die Stelle mit einer frisch auseinandergeschnittenen Zwiebel ein. Dann sofort das Papier mit Leim aufkleben – es haftet einwandfrei.

26. September

(Namenstag für Kosmas, Damian, Eugenia und Kaspar)

Bauernregel

Fällt im September Schnee in der Alp,
kommt der Winter nicht so bald.

Tip des Tages

Seifenherstellung »anno dazumal«: Man nehme fünf Pfund ungesalzenes, altes Fett, koche dies zusammen mit einem Pfund Seifenstein und 250 Gramm Pottasche in rund acht Litern Wasser drei bis vier Stunden lang. Die Masse muß geleeartig aussehen, dann läßt man sie abkühlen und schneidet handliche Stücke heraus.

27. September

(Namenstag für Vinzenz,
Hiltrud von Hennegau und Dietrich I.)

Bauernregel

Donner im September,
dann folgt noch ein Sommer.

Tip des Tages

Nutzen Sie die Zeit, in der es noch frische Kräuter auf dem Balkon, im Garten oder auf Wiesen zu ernten gibt, für einen »Kräuter-Cocktail«. Damit können Sie zum Beispiel Joghurt, aber auch den Sonntagsbraten oder die Suppe verfeinern.

28. September

(Namenstag für Wenzel, Lioba, Salonius, Chuniald, Gislar,
Thekla von Kitzingen und Konrad II.)

Bauernregel

Wird das Obst sehr langsam reif,
gibt's im Winter statt Eis nur Reif.

Interessantes

Alljährlich im Herbst wird in den Alpen mit einem farbenprächtigen
folkloristischen Spektakel das Vieh von der Sommerweide in den
heimatlichen Stall abgetrieben. Zum letzten Mal in diesem Jahr treibt
der Senner seine Herde zusammen, schmückt die Kühe mit gewalti-
gen Glocken an verzierten Halsriemen und herrlichen »Schwingbu-
schen« zwischen den Hörnern. Die Leitkuh wird dabei am schönsten
herausgeputzt. Wie es der Brauch bestimmt, geleitet die Sennerin
den Schluß des Zuges hinab ins Tal, wo sie vom ganzen Dorf begrüßt
werden. Das Schmücken der Kühe darf als Symbol des Dankes angesehen werden, daß Mensch und Vieh den Sommer in den Bergen
gut überstanden haben.

29. September

(Namenstag für Michael, Raphael und Gabriel)

Bauernregeln

Michel nemmt d' Sichel.

Vor Michael sä' mit der halben Hand –
dann aber streu' mit der ganzen Hand!

Interessantes

Der Gedenktag des Erzengels Michael wird seit dem 5. Jahrhundert gefeiert, als Papst Leo I. an diesem Tag die Kirche San Michele in Rom weihte. Aus der Fülle seiner Patronate seien folgende genannt: Er ist Schutzheiliger der katholischen Kirche, der Soldaten, der Apotheker, Schneider, Glaser, Bäcker, Kaufleute, Bankangestellten (seit 1958), der Sterbenden und für einen guten Tod, der Armen Seelen und der Friedhöfe.

Als Patron gegen Blitz und Unwetter kommt seinem Gedenktag, dem Michaelstag, im bäuerlichen Jahresgefüge eine besondere Bedeutung als Wetter- und Lostag zu. So ist auch der alte Bauernspruch zu verstehen:

>»Um Michaeli, in der Tat,
>gedeiht die beste Wintersaat.«

Der Michaelstag wurde mancherorts als Feiertag begangen, an dem auf dem Feld nicht gearbeitet wurde und der Bauer zum Essen einlud. Die vielfach stattfindenden Michaelikirchweihen, die Michaelsmärkte und -dulten hatten einen festen Platz im Brauchtumskalender.

Weil die Tage nun merklich kürzer ausfallen und die Dämmerung schneller hereinbricht, muß für handwerkliche Arbeiten in der Stube natürlich Licht gemacht werden. Früher wurde deshalb in manchen Gegenden am Vorabend des Michaeltages das sogenannte Michaelsfeuer gezündet, was den Spruch prägte:

>»Es holt herbei Sankt Michael
>die Lampe wieder und das Öl.«

30. September

(Namenstag für Hieronymus von Stridon, Urs, Viktor, Sophie, Fides,
Leopard und Theresia)

Bauernregel

Viel Nebel im September
über Tal und Höh'
bringen im Winter tiefen Schnee.

Tip des Tages

Unter dem Teppich ausgelegtes Zeitungspapier leistet nicht nur als
Lärmschutz und Wärmeisolierung, sondern auch zur Vorbeugung
gegen Mottenfraß gute Dienste. Von Zeit zu Zeit auswechseln.

Oktober

In manchen Regionen ist der Oktober vor allem der Weinmonat. Nach der Weinlese feiert man das Kirchweihfest und probiert gespannt den neuen Wein.

Die Bauern haben ihre Ernte eingefahren, die großen Felder stehen im Oktober wieder leer. Der Tisch ist mit den Früchten der Natur reich gedeckt, die Kirchen zum Erntedankfest mit allem, was die Natur zu bieten hat, geschmückt: Kränze aus Ähren, Äpfel, Zwetschgen, Brote, Blumen – ein wahrlich farbenfroher Anblick.

Und auch Bäume und Wälder zeigen sich in diesem Monat von ihrer vielleicht schönsten Seite: Der goldene Oktober trägt seinen Namen zu Recht, wenn sich das Laub im Schein der tiefer stehenden Sonne in den leuchtendsten Herbstfarben präsentiert. Ein Spaziergang durch die gelb-rot-grüne Pracht ist ein wahres Vergnügen für die Sinne, und so manchem mag dadurch der Abschied vom Sommer etwas leichter fallen ...

1. Oktober

(Namenstag für Theresia, Remigius, Platon, Bavo, Gisbert von Zusmarshausen,
Emanuel und Werner)

Bauernregel

Regen an Sankt Remigius
bringt für den ganzen Mond Verdruß.

Interessantes

Nach dem Hundertjährigen Kalender bringt uns der Oktober im Sieben-Jahres-Zyklus folgendes Wetter:

Saturnjahr – in der ersten Hälfte Regenwetter, in der zweiten wird es kalt.

Jupiterjahr – den ganzen Monat hindurch viel Regen.

Marsjahr – Regen und erster Rauhreif, im zweiten Drittel nochmals Schönwetter, danach gefriert die Erde.

Sonnenjahr – bis zur Monatsmitte überwiegend schön, danach erste Nachtfröste.

Venusjahr – vorwiegend schön, Frost und Schnee Ende des Monats.

Merkurjahr – Reif und Frost stellen sich früh ein, ab Monatsmitte wieder schönes, trockenes Wetter.

Mondjahr – kalt, anfänglich auch verregnet, um die Monatsmitte friert, schneit oder regnet es.

2. Oktober

(Namenstag für Beregis, Ursicin,
Petrus, Hermann und Jakob)

Philosophisches zum Tage

Bier auf Wein, das laß sein;
doch Wein auf Bier,
das rat' ich dir.

Bauernregel

Fällt das Laub auf Leodegar,
so ist das nächste ein fruchtbares Jahr.

Tip des Tages

Sind Zigarren, Zigaretten und Tabak in der Dose ein wenig ausgetrocknet, legt man einige Scheiben rohe Kartoffeln oder einen
Apfel dazu.

3. Oktober

(Namenstag für Niketius, Leodegar,
Adelgot und Irmgard von Baindt)

Bauernregel

Hält der Oktober das Laub,
wirbelt zu Weihnachten Staub.

Tip des Tages

Eine Prise Fenchel, vor dem Frühstück gekaut, sorgt für eine gute Verdauung und reine Haut, so wußte man schon zu Großmutters Zeiten.

4. Oktober

(Namenstag für Franziskus von Assisi, Aurea und Theresia)

Bauernregel

Nordlicht im Oktober, glaube mir,
verkündet herben Winter dir.

Interessantes

Franz von Assisi, im Jahre 1182 in Mittelitalien geboren, verbrachte als Sohn eines reichen Kaufmanns eine ausgelassene Jugend. Geläutert durch eine schwere Krankheit, kehrte er den irdischen Besitztümern den Rücken und wandte sich in der Nachfolge Christi den Armen, Bedürftigen und Kranken zu. Aus den Reihen derer, die es ihm in seiner Aufopferung und leidenschaftlichen Hingabe gleich taten, entstand die Gemeinschaft des Franziskanerordens, der weltweite Bedeutung in Predigt, Wissenschaft und Missionsarbeit erlangte. In der Person des heiligen Franziskus manifestiert sich die erste nachweisbare Stigmatisation der Heiligengeschichte: Zurückgezogen in die Einsamkeit, soll ihm am 17. September 1224, am Feste der Kreuzerhöhung, Christus erschienen sein und ihm seine Wundmale aufgedrückt haben. In Abbildungen findet man Franziskus häufig auch mit Tieren dargestellt, deren Sprache er angeblich verstehen und sprechen konnte.

5. Oktober

(Namenstag für Meinolf von Paderborn, Galla, Placidus, Attila und Timerlin)

Bauernregel

Warmer Oktober bringt fürwahr
uns sehr kalten Februar.

Tip des Tages

Bei Hexenschuß probieren Sie doch einmal einen Umschlag von
heißen Kartoffeln aus: Zerdrücken Sie die heiß gekochten Kartoffeln, schlagen sie in ein wollenes Tuch ein und legen dieses auf die
schmerzende Stelle.

6. Oktober

(Namenstag für Bruno den Karthäuser, Adalbero von Würzburg und Renatus)

Bauernregel

Oktober-Sonnenschein
schüttet Zucker in den Wein.

Tip des Tages

Brennholz sollte im Oktober im zunehmenden Mond knapp nach
Neumond geschlagen werden. Die Scheite werden am besten bei ab-
nehmendem Mond und, wegen Schimmelgefahr, nicht an einem
nassen Tag aufgeschichtet.

7. Oktober

(Namenstag für Rosa, Justina,
Gerold [Gerwald] von Köln und Georg)

Philosophisches zum Oktober

Einem schweigenden Mund
ist nicht zu helfen.

Bauernregel

Bleibt's Laub am Ast,
viel Ungeziefer zu fürchten hast.

Tip des Tages

Bei Erkrankungen der Atemwege schwörte Großmutter auf die
wohltuende Wirkung des Möhrensirups. Dazu wurde Möhrensaft
(125 ml) mit Kandis (125 g) unter häufigem Rühren zu einem dicken
Sirup eingekocht und ein Eßlöffel davon dreimal täglich eingenommen.

8. Oktober

(Namenstag für Simeon,
Demetrius, Amor, Gunther und Viktrizius)

Bauernregel

Oktober Nordlicht, glaub es mir,
verkündet harten Winter dir.

Tip des Tages

Nasenbluten kann man vorbeugen, indem man die trockene Haut am Naseneingang jeden Tag mit einer Hautcreme einreibt. Sollte die Nase dennoch einmal bluten, stillen Sie das Nasenbluten mit einem in die Nase gesteckten, essiggetränkten Wattebausch.

9. Oktober

(Namenstag für Dionysius,
Johannes von Lucca, Gunther, Abraham,
Sara, Arnold und Theofrid)

Bauernregel

Regnet's an St. Dionys,
wird der Winter naß – gewiß.

Interessantes

Dionysius, Patron der Schützen, gegen Kopfschmerzen und Hundebisse, gehört in Frankreich zu den Nationalheiligen und ist einer der Vierzehn Nothelfer der katholischen Kirche. Eine der berühmtesten Kirchen Frankreichs, die Kathedrale Saint-Denis bei Paris, ist diesem ersten Bischof geweiht. Der Legende nach soll Dionysius, seinen abgeschlagenen Kopf in den Händen haltend, noch bis zu der Stelle gegangen sein, wo später die Kirche St. Denis errichtet wurde.

10. Oktober

(Namenstag für Gereon von Köln, Kassius und Florentius von Bonn,
Viktor von Xanten und Nuncius)

Bauernregel

Bringt Oktober Frost und Wind,
wird der Januar gelind.

Tip des Tages

Nikotin ist ein Gift, das unter anderem den Ablauf des vegetativen
Nervensystems stört. Raucher, die unter Schlafstörungen leiden,
sollten deshalb zumindest abends so wenig wie möglich zum Glimm-
stengel greifen.

11. Oktober

(Namenstag für Bruno von Köln,
Jakob Griesinger, Quirin und Meinhard)

Bauernregel

Im Herbst muß man
nicht mehr von
Rosen und Tulpen träumen.

Tip des Tages

Mit Knoblauch gewürzte Speisen stoßen nicht bei jedermann auf Ge-
genliebe. Dabei schützt – so besagt es ein alter Volksglaube – regel-

mäßiger Genuß nicht nur vor Vampiren, sondern auch vor Schlangenbissen. Auf Glatzen sollen wieder Haare sprießen, wenn die kahlen Stellen mit einer Mixtur aus zu Asche verbranntem Knoblauch, Honig und Salbe eingerieben werden.

12. Oktober

(Namenstag für Maximilian, Herlind, Edistus,
Edwin, Gottfried,
Bernhard, Jakob und Otto)

Bauernregel

Nichts kann mehr vor Raupen schützen,
als wenn der Oktober erscheint mit Pfützen.

Tip des Tages

Gegen Pickel und Mitesser galt zu Großmutters Zeiten ein Kamillenbad als bewährtes Hausmittel. Übergießen Sie zwei Eßlöffel Kamillenblüten und -kraut in einer weiten Schale mit kochendem Wasser. Beugen Sie sich nun tief über die Schüssel und legen ein großes Tuch über den Kopf, dadurch fangen Sie die heilsamen Dämpfe am besten ein. Die Poren werden gereinigt, hartnäckige Mitesser verschwinden von selbst oder lassen sich nun mühelos ausdrücken. Eine kalte Gesichtsdusche nach der Kur verschließt die Poren wieder.

13. Oktober

(Namenstag für Lubentius, Aurelia,
Sintpert [Simbert] von Augsburg, Koloman,
Belisind, Reginbald und Andreas)

Philosophisches zum Tage

Leichte Bürde
wird auf die Länge schwer.

Bauernregel

Gewitter im Oktober künden,
daß du wirst nassen Winter finden.

Tip des Tages

Eine Messerspitze zerstoßener Zimt gilt seit Großmutters Zeiten als
probates Mittel gegen Magenverstimmung und Durchfall.

14. Oktober

(Namenstag für Kalixtus I.,
Burghard, Fortunata, Hildegund und Alan)

Bauernregeln

St. Burkhardi Sonnenschein
schüttet Zucker in den Wein.

Interessantes

So heißt der Oktober in anderen Sprachen: Weinmond (Deutsch des 15. Jahrhunderts), Octobre (Französisch), October (Lateinisch), Gilbhard (Altdeutsch), Ottobre (Italienisch), Mar-Cheschwan (Jüdisch).

15. Oktober

(Namenstag für Theresia von Avila, Aurelia von St. Emmeran, Willa und Hedwig)

Bauernregel

Zu Theres
beginnt die Weinles'.

Tip des Tages

Blutergüsse bessern sich rasch nach kalten Essigumschlägen. Darüber wickelt man ein wasserdichtes, dann ein rein wollenes Tuch und läßt die feuchte Wärme einwirken.

16. Oktober

(Namenstag für Margareta Maria, Gallus, Hedwig von Andechs, Heriburg, Hedwig, Gerhard, Maria Sophie und Lutgard)

Bauernregeln

Auf Sankt-Gallen-Tag
muß jeder Apfel in seinen Sack.

Gallus vorbei,
Birnen und Äpfel sind frei.

Wenn Gallus kommt, hau ab den Kohl,
er schmeckt im Winter trefflich wohl.

Ab St. Hedwig und St. Gall
schweigt der Vögel Sang und Schall.

Ist St. Gallus nicht trocken,
folgt ein Sommer mit nassen Socken.

Hedwige gibt Zucker in die Rübe.

Interessantes

Der St.-Gallus-Tag war seit alters her ein wichtiger Lostag, ein un-
mißverständlicher Fingerzeig auf den nahenden Winter. Auf dem
Lande ging dieses Wendedatum nicht ohne Festlichkeiten vorüber,
man nutzte den Tag für lustiges Markttreiben oder Kirmes und ver-
anstaltete je nach Region Stangenklettern, Wurstschnappen oder
Ringstechen.

Jetzt begann bei den Bauern auch die Zeit der Schlachtungen,
man war sich sicher, daß das eingesalzene Fleisch nun über den Winter halten würde.

17. Oktober

(Namenstag für
Ignatius von Antiochien und Anselm von Wien)

Bauernregel

Nichts kann mehr vor Raupen schützen
als Oktobereis in Pfützen.

Tip des Tages

Strohmatten und -teppiche lassen sich mit einer Salzwasserlösung
(drei Eßlöffel Salz auf einen Liter Wasser geben) reinigen. Behandeln
Sie den Teppich mit dieser Lösung mit Hilfe einer groben Bürste,
spülen mit lauwarmem Wasser nach und lassen ihn an der Luft trocknen. Wenn Sie die Matte oder den Teppich zum Schluß mit Leinöl
überpinseln, wird seine Haltbarkeit erhöht.

18. Oktober

(Namenstag für Lukas,
Gwen[n] und Mono)

Philosophisches zum Tage

Wir lernen,
was wir vergessen sollten,
und vergessen,
was wir lernen sollten.

Bauernregel

Wer an Lukas Roggen streut,
es im Jahr darauf nicht bereut.

Tip des Tages

Empfindliche farbige Stoffe werden am schonendsten mit Seifen-
flocken gewaschen. Einige unserer heute käuflichen Mittel enthalten
optische Aufheller, die die Farben auf lange Sicht ausbleichen. Ein
wenig Essig im Spülwasser frischt die Farben auf natürliche Weise
wieder auf.

19. Oktober

(Namenstag für Isaak,
Jean, Paul vom Kreuz und Frideswida)

Bauernregel

Oktober, der fröhliche Wandersmann,
pinselt Wald, Weide und Hecken an.

Interessantes

Das Kirchweihfest, an dem, wie der Name schon sagt, eine Kirche
durch den Bischof geweiht wird, fällt stets auf den dritten Sonntag
im Oktober. Um die allzu häufigen Feste einzudämmen, lag es nahe,
einen für alle geweihten Kirchen des Bistums gemeinsamen Gedenktag zu wählen, der meist Ende Oktober oder Anfang November
liegt und vielerorts noch die Bedeutung eines Erntedanktages hat.
Großer Beliebtheit bei Jung und Alt erfreut sich seit alters her das

nach dem Festgottesdienst stattfindende Volksfest, das in seinem lustigen Treiben mit Karussells und Schießbuden im deutschen Sprachgebrauch auch als Kirmes bekannt ist.

Aus früheren Tagen stammt auch die Sitte, daß sich die Verwandtschaft an Kirchweih im feinen Sonntagsstaat an einer festlichen Tafel auf dem Bauernhof versammelte. Serviert wurde Schmalzgebäck, die sogenannten »Ausgezogenen«.

20. Oktober

(Namenstag für Wendelin, Vitalis, Johanna
und Jakob Franz)

Bauernregel

Oktober und März gleichen sich allerwärts.

Interessantes

Zu den sagenumwobenen und hochverehrten Volksheiligen, die vor allem bei Viehseuchen angerufen wurden, gehört Wendelin, Patron der Hirten, Bauern, Landleute und Schäfer, Schutzheiliger für Futter und Vieh. Einer Legende nach soll der Leichnam von Wendelin, Abt des Klosters Tholey, am Morgen nach der Beisetzung neben dem Grab gelegen haben. Die Mönche spannten daraufhin zwei Ochsen ein, die noch niemals vor dem Karren gegangen waren, und ließen sie den Leichnam Wendelins dorthin ziehen, wohin sie wollten. Die Ochsen führten den Karren zu jenem Berg, auf dem Wendelin immer zu beten gepflegt hatte. Dort wurde der Abt nun begraben, die Grabstätte entwickelte sich zu einer berühmten Wallfahrtsstätte und nach und nach zu der Stadt St. Wendel an der Saar.

Tip des Tages

Bei Bluthochdruck schwörte Großmutter auf Knoblauchsaft. Dazu werden zwei unbehandelte Zitronen, drei Knoblauchknollen sowie eine geschälte Zwiebel fein gewürfelt, alles in einem Liter Milch etwa fünf Minuten gekocht, danach abgeseiht. Es empfiehlt sich, täglich ein Glas davon zu trinken.

21. Oktober

(Namenstag für Ursula von Köln
und Himana von Looz)

Bauernregel

An Ursula muß das Kraut herein,
sonst schneien Simon und Judas darein.

Interessantes

Am heutigen Tag der heiligen Ursula beginnt der sogenannte Altweibersommer. Aus früheren Tagen hat sich der Volksglaube gehalten, daß sich die jetzt sichtbaren, von kleinen Spinnen erzeugten silbrigen Fäden gut für das Garnspinnen – eine Tätigkeit älterer Frauen – eignen.

Tip des Tages

Wenn Sie Ihr blondes Haar mit Kamillentee waschen, dem Sie etwas doppelsaures Natron hinzugefügt haben, erzielen Sie einen schönen Goldton.

22. Oktober

(Namenstag für Contardo, Salome, Kordula,
Ingbert und Blandina)

Bauernregel

Durch Oktobermücken
laß dich nicht berücken.

Tip des Tages

Hunde, die von Flöhen geplagt sind, werden augenblicklich kuriert,
wenn man sie in einen mit Farnkraut gefüllten Sack steckt.

23. Oktober

(Namenstag für
Johannes Kapistran, Severin aus Köln,
Jakobus, Oda und Richmud)

Bauernregel

Wenn's Severin gefällt,
bringt er mit die erste Kält'.

Interessantes

Am heutigen Datum wird dem Severin, dem legendenumrankten Bischof und Patron von Köln, mit einem Fest gedacht. Nach altem Volksglauben sollen die Reliquien des Severin die Stadt gegen einen Angriff der Goten beschützt haben. Einer anderen Überlieferung zufolge endete eine dreijährige Dürreperiode in und um Köln, nachdem Severin im Gebet um Hilfe angefleht wurde.

24. Oktober

(Namenstag für
Antonius Maria Claret und Evergislus)

Bauernregel

Ist der Oktober warm und fein,
kommt ein scharfer Winter drein.
Ist er aber naß und kühl,
mild der Winter werden will.

Tip des Tages

Mit Honig läßt sich sogar ein »Kater« vertreiben: In eine Tasse starken Kaffee gibt man den Saft einer Zitrone und süßt reichlich mit Honig. Die Wirkung soll mehrere Stunden anhalten, so verspricht es Großmutters Geheimrezept.

25. Oktober

(Namenstag für Krispin, Krispinian, Chrysanth,
Dariaa und Ludwig von Arnstein)

Bauernregel

Mit Krispin
sind alle Fliegen dahin.

Tip des Tages

Wenn Sie unter trockener Haut leiden, sollten Sie einmal Großmutters Sauerteigmaske ausprobieren: Der Sauerteig wird etwa einen Zentimeter dick aufgetragen und nach einer guten halben Stunde wieder abgewaschen.

26. Oktober

(Namenstag für Amandus, Sigebald, Witta,
Gerwich, Wigand und Josephine)

Philosophisches zum Tage

Es ist kein Amt so klein,
es trägt was in die Küchen ein.

Bauernregel

Kommt die Fledermaus ins Dorf,
so kümm're dich um Holz und Torf.

Tip des Tages

Bei häufigen Entzündungen oder Reizungen der Haut leiden Sie möglicherweise unter einem Mangel an Vitamin B_2. Diesem können Sie mit dem Genuß von ausreichend Milch und Milchprodukten – sie enthalten große Mengen des Vitamins – relativ leicht abhelfen

27. Oktober

(Namenstag für Wolfhard von Augsburg)

Philosophisches zum Tage

Hab rechtes Maß
in Speis und Trank,
so wirst du alt
und selten krank.

Bauernregel

Wenn im Oktober man abends die Schafe
mit Gewalt muß forttreiben,
so soll dies Regen und Schnee bedeuten.

Tip des Tages

Wer bei Nervosität schnell feuchte Hände bekommt, sollte sie all-
abendlich mit Fichtenwasser behandeln. Dazu werden zwei bis drei
Eßlöffel zerbröckelte Fichtenrinde mit einem Liter kochendem Wasser übergossen. Abkühlen lassen und danach die Hände darin baden.

28. Oktober

(Namenstag für Simon, Judas Thaddäus und Alfred)

Bauernregeln

Simon und Juda, die zwei,
führen oft den Schnee herbei.

Schneid ab das Kraut,
bevor es Juda klaut.

Wer Weizen sät am Simonstage,
dem trägt er goldne Ähren ohne Frage.

Interessantes

An Simon und Judas scheiden sich nach altem Bauernglauben Sommer und Winter. Folgerichtig ist nach Ablauf dieses Tages der Winter nicht mehr fern. Darüber hinaus hatte dieses Datum – zumindest für die Herren der Schöpfung – jedoch noch eine andere Bedeutung: Es hieß, wer heute seiner Frau widerspricht, den kommt dies teuer zu stehen.

29. Oktober

(Namenstag für Ferrutius, Narzissus, Ermelind und Margarete)

Bauernregel

Oktoberhimmel voller Sterne,
hat warme Öfen gerne.

Tip des Tages

Gegen Bettnässen hat sich zu Großmutters Zeiten die folgende Kur empfohlen, die über mehrere Wochen durchgeführt werden muß: Zwei gehäufte Teelöffel Johanniskraut werden mit einem Viertelliter Wasser übergossen und bis zum Sieden erhitzt. Nach wenigen Minuten abseihen. Zwei- bis dreimal täglich eine Tasse mit einem Teelöffel Honig trinken.

30. Oktober

(Namenstag für Thöger [Theogar], Dietger, Emicho und Bernhard)

Bauernregel

Ist der Oktober kalt,
macht der Raupenfraß halt.

Interessantes

Wenn es regnet, ehe die Plejaden (auch Siebengestirn genannt), untergehen, kann der Bauersmann mit einem fruchtbaren kommenden Jahr rechnen, besagt ein alter Volksglaube. Demnach behielt der Bauer dieses Gestirn, das an den letzten Oktobertagen bei klarem Himmel gut zu sehen ist, stets im Auge.

Tip des Tages

Der Kreislauf kommt wieder auf Trab, wenn Sie täglich über den Tag verteilt vier bis fünf Eßlöffel reinen Bienenhonig auf der Zunge zergehen lassen. Auch Weißdornsaft oder -tee, regelmäßig getrunken, kann helfen. Mit diesen Mitteln bekommen Sie übrigens auch eventuellen Bluthochdruck besser in den Griff.

31. Oktober

(Namenstag für Wolfgang von Regensburg, Quintin, Noitburg und Josef)

Bauernregel

St. Wolfgang Regen,
verspricht ein Jahr voll Segen.

Interessantes

Eine der vielen Legenden um Wolfgang von Regensburg schildert folgende Begebenheit: Während er sich mit ausgebreiteten Armen in Form des Kreuzes an einen Berg lehnte, versuchte der Teufel, ihn zwischen zwei Felsen einzuquetschen – dadurch hinterließen seine Hände ihre Abdrücke im Stein. Nach einer anderen Legende habe Wolfgang, nachdem er zu lange geschlafen hatte, als Zeichen seiner Buße Füße und Hände gegen einen Stein stoßen wollen, der aber wie Teig nachgab.

Wolfgang von Regensburg ist unter anderem Schutzheiliger der Hirten, Holzfäller, Köhler, Schiffer und Zimmerleute. Er wird gegen Gicht, Bauchweh, Lähmungen, Schlaganfall und Unfruchtbarkeit angerufen.

November

Das letzte Blattwerk auf den Bäumen kapituliert vor dem Novemberwind – wie mit einem Kahlschlag der Natur werden die letzten Halme und Herbstblüten abgeknickt. Allmählich verblaßt auch die herbstliche Farbenfreude, vermischt sich mit dem fahlen Licht der trüben Tage, in deren Dämmerung Abertausende von Grablichtern auf den Friedhöfen funkeln. Ein Monat der Besinnung – im November häufen sich die Tage des Gedenkens und der Erinnerung, Allerheiligen, Allerseelen, Buß- und Bettag, Volkstrauertag und Totensonntag folgen dicht aufeinander.

Doch nicht nur stille und ernste Festlichkeiten werden begangen: An St. Martini tanzen bunte Laternenzüge durch die Straßen, angeführt von St. Martin, dem barmherzigen Samariter, der einst seinen Mantel zerschnitt und mit einem Armen teilte. »Laterne, Laterne, Sonne, Mond und Sterne...« – die bekannten Kinderlieder begleiten den abendlichen Marsch, und mancherorts werden die Kinder vor dem Umzug gesegnet: »Herr Jesus Christus, schau auf diese Kinder, die ihre Lampe in Händen tragen; segne sie, damit sie bereit sind, nach dem Vorbild des heiligen Martin anderen zu helfen und zu teilen, was sie besitzen.«

1. November

(Namenstag für Arthur, Rupert, Luitpold, Audomar und Bertold)

Bauernregeln

Allerheiligenreif
macht den Winter stark und steif.

Allerheiligen feucht,
wird der Schnee nicht leicht.

Tip des Tages

Ein warmes, wohltuendes Vollbad bringt – gerade wenn draußen unfreundliche Temperaturen herrschen – Entspannung für Körper und Seele. Die ideale Badetemperatur liegt, je nach persönlichem Empfinden, zwischen 26 und 38 Grad Celsius. Warme Bäder wirken gefäßerweiternd und fördern die Durchblutung.

Ist eine Erkältung im Anzug, kann auch ein Unterschenkelbad mit ansteigenden Temperaturen helfen. Dabei erhöht man durch Zugießen heißen Wassers die Temperatur innerhalb von zwölf Minuten von 36 auf 42 Grad Celsius.

2. November

(Namenstag für Angela und Willibold)

Bauernregel

Friert im November zeitig das Wasser,
wird's im Januar um so nasser.

Interessantes

Segnungsprozessionen am heutigen Allerseelentag kennt man offenbar schon seit 1500. Eine traurige Renaissance erfuhr diese Gräbersegnung mit dem 1. Weltkrieg.

3. November

(Namenstag für Hubert, Bertold, Ida und Silvia)

Bauernregel

November tritt oft hart herein,
braucht nicht viel dahinter zu sein.

Interessantes

Dem Hubertus oder Hubert, dessen Namenstag wir heute feiern, soll anläßlich einer Jagd an einem Feiertag ein Hirsch mit einem goldenen Kreuz zwischen dem Geweih erschienen sein. Daraufhin soll er sich dem geistlichen Leben zuwendet haben. Er wurde Ende des 8. Jahrhunderts zum Bischof von Lüttich geweiht. Hubertus wird als Patron der Schützen und Jäger angerufen, die ihm zu Ehren am 3. November die sogenannte »Hubertusjagd« veranstalten.

4. November

(Namenstag für Helena, Franziska und Karl Borromäus)

Bauernregel

Wenn's an Karolus stürmt und schneit,
dann lege deinen Pelz bereit
und heiz' dem Ofen wacker ein –
bald zieht die Kälte bei dir ein.

Interessantes

Karl Borromäus (1538–1584) gilt als eine der großen Persönlich-
keiten der Kirchengeschichte. Nicht zuletzt dank seiner überragen-
den geistigen Fähigkeiten blieb das Andenken des Grafensohnes,
Doktors und Kardinals unter anderem auch durch den sogenannten
»Borromäusverein« bis heute lebendig.

5. November

(Namenstag für Bernhard, Emmerich und Berthild)

Bauernregel

Viel Regen im November,
viel Wind im Dezember.

Tip des Tages

Der November wiegt den Garten in den Winterschlaf. Zu pflanzen
gibt es nur wenig, und frostempfindliche Pflanzen benötigen jetzt ei-

nen wärmenden Mantel. Von einer Laubdecke ist wegen akuter »Erstickungsgefahr« abzuraten, zum Abdecken eignen sich eher lose übereinandergelegte Tannenzweige, grober Kompost oder Mulch.

6. November

(Namenstag für Leonhard, Protasius, Modesta, Erlfrid, Rudolf und Christine v. Stommeln)

Bauernregel

Hängt das Laub bis November hinein,
wird der Winter lange sein.

Interessantes

Leonhard (Einsiedler und Abt im Frankreich des 5. Jahrhunderts) ist der Patron der Bauern, der Pferde und des Viehs, der Stallknechte und Ställe. Er ist vor allem im süddeutschen Raum als bayerischer Heiliger beliebt und wird als einer der Vierzehn Nothelfer angerufen. Neben der Pflege der traditionellen Leonhardi-Wallfahrten erfreuen sich auch die Leonhardi-Umritte wieder wachsender Beliebtheit. Das wohl berühmteste dieser farbenfrohen Spektakel ist der weit über Bayerns Grenzen hinaus bekannte Umzug in Bad Tölz.

7. November

(Namenstag für Gisbert, Florentius, Engelbert von Köln, Karina und Willibrord)

Bauernregel

Sitzt November fest im Laub,
wird das Wetter hart, das glaub.

Tip des Tages

Gegen Schlaflosigkeit läßt sich aus Milch und Zwiebeln ein hervor-
ragender Schlummertrunk zubereiten. Dazu wird eine Tasse Milch
zusammen mit einer Zwiebel im Topf erwärmt. Etwa eine halbe
Stunde ziehen lassen, danach die Zwiebel herausnehmen und die
Milch trinken.

8. November

(Namenstag für Gottfried, Johannes Duns Skotus, Martin von Tours
und Willehad)

Bauernregel

Novemberwind
scheut Schaf und Rind.

Tip des Tages

Schmerz laß nach, kann man wehleidig jammern, wenn ein geziel-
ter Hammerschlag nicht den Nagel in der Wand, sondern den Daumen erwischt hat. Rasche Abhilfe bei Quetschungen dieser Art ver-

spricht ein Arnika-Umschlag. Dazu werden ein bis zwei Eßlöffel Arnika-Tinktur mit einem halben Liter Wasser gemischt, darin ein Tuch getränkt und dieses locker um die schmerzhafte Stelle gewickelt.

9. November

(Namenstag für Roland, Ragnuld, Herfrid und Erpho)

Bauernregel

Bringt November Morgenrot,
der Aussaat dann viel Schaden droht.

Tip des Tages

Frostigen Eisblumen auf den Fenstern kann vorgebeugt werden, wenn dem Putzwasser eine halbe Tasse Spiritus beigemischt wird. Vor allem bei Autos, die über Nacht im Freien parken, empfiehlt sich diese Methode, um morgendliches Kratzen und Schaben zu vermeiden.

10. November

(Namenstag für Leo, Justus von Canterbury, Johannes, Herrmann, Eduard und Karl Friedrich)

Philosophisches zum Tage

Wer sich zum Schaf macht,
den fressen die Wölfe.

Bauernregel

Je mehr Schnee im November fällt,
um so fruchtbringender ist das Feld.

Tip des Tages

Altersflecken am Hals lassen sich natürlich geschickt mit einem schönen Schal kaschieren. Nach einem alten Hausrezept täte aber auch
ein gelegentliches Einreiben mit Zitronensaft seine Wirkung.

11. November

(Namenstag für Martin von Tours und Mennas)

Bauernregeln

St. Martin setzt sich schon mit Dank
zum warmen Ofen auf die Bank.

Wie St. Martin führt sich ein,
soll zumeist der Winter sein.

Um Martin schlachtet der Bauer sein Schwein,
das muß bis zu Lichtmeß gegessen sein.

Wenn um Martini Regen fällt,
ist's um den Weizen schlecht bestellt.

Kehrt Martini ein,
ist jeder Most schon Wein.

Interessantes

Martin (von Tours) und das Wunder der Mantelteilung bestimmen diesen von leuchtenden Kinderaugen und fröhlichen Laternen begleiteten Tag. Der besagte Martin, Anführer einer Gruppe Soldaten, soll seinen Umhang an einem eiskalten Wintertag buchstäblich mit dem Schwert zerschnitten haben, um ihn mit einem Bettler zu teilen. In seinem verbliebenen Mantelfetzen erschien ihm am darauffolgenden Tag Christus.

Auch im bäuerlichen Kalender als besonderer Tag ausgewiesen, markierte »Martini« früher den Beginn des neuen Wirtschaftsjahres, Pachtverträge wurden abgeschlossen, den Bediensteten der Lohn ausbezahlt und neue Arbeitskräfte eingestellt.

12. November

(Namenstag für Diego, Renatus, Kunibert, Josaphat,
Fegerin und Ämilian)

Bauernregel

Im November ist hinter jeder Staude ein anderes Wetter.

Tip des Tages

Nach einem alten Hausrezept hilft gegen Hexenschuß auf der schmerzhaften Stelle ein Verband aus einem Pfund ungewaschener Schafwolle.

13. November

(Namenstag für Wilhelm von Niederaltaich, Karl, Gertrud,
Himer und Stanislaus Kostka)

Bauernregel

Hat der November einen weißen Bart,
dann wird der Winter lang und hart.

Tip des Tages

Um sicherzugehen, daß Käfer und andere Schädlinge den Blumenkohl wirklich verlassen haben, sollten Sie ihn vor dem Kochen 15
Minuten in starkes Salzwasser legen. Schnecken und Insekten lösen
sich dann prompt und kommen an die Wasseroberfläche.

14. November

(Namenstag für Sidonius, Alberich und Bernhard)

Bauernregel

Im November Mist fahren,
soll das Feld vor Mäusen bewahren.

Tip des Tages

Die auch Krähenfüße genannten Augenfältchen gehören zum erklärten Feindbild beim morgendlichen Blick in den Spiegel. Gern hat
man schon zu Großmutters Zeiten auf ein bewährtes Naturmittel
zurückgegriffen: 50 Gramm Kaffeesatz wird mit geschlagenem Ei-

weiß von mehreren Eiern so lange gemischt, bis eine weiche Paste entsteht. Diese auftragen, eine knappe halbe Stunde einwirken lassen, dann abnehmen und danach eine fetthaltige Creme auftragen.

15. November

(Namenstag für Findan, Anianus, Marinus und Leopold III.)

Philosophisches zum Tage

Wenn's nicht buttern will, hilft's wenig,
wenn man die Kuh prügelt.

Bauernregel

Der heilige Leopold
ist dem Altweibersommer hold.

Tip des Tages

Wer seinem Badewasser einen Eßlöffel Backpulver beigibt, bekommt weicheres Wasser.

16. November

(Namenstag für Walter, Otmar, Gertrud und Margarete)

Bauernregel

Wenn im November die Stern' stark leuchten,
läßt dies auf bald viel Kälte deuten.

Tip des Tages

Wenn die Tage feuchter und kälter werden, melden sich oft die
Bandscheiben wieder schmerzhaft zu Wort. Zur Vorbeugung sollten Sie versuchen, möglichst oft sehr gerade zu sitzen. Meiden
Sie allzu weiche Sitzgelegenheiten und besuchen Sie statt dessen
wieder einmal das Hallenbad: Regelmäßiges Schwimmen ist ein
großartiges Training für den unteren Rückenbereich. Sollte Sie
aber dennoch der jähe Schmerz überfallen, können Sie zur aku-
ten Schmerzlinderung auf Lehm- oder Moorpackungen in der Badewanne zurückgreifen.

17. November

(Namenstag für Gertrud, Florin, Viktoria von Cordoba, Hilda, Hiltrud,
Maria Josefa, Salome und Elisabeth)

Bauernregel

Wenn der November blitzt und kracht,
im nächsten Jahr der Bauer lacht.

Interessantes

Zwei Vollmonde im Monat – kein gutes Omen: Nach dem alten Bauernkalender brächte dies fast unvermeidlich eine Überschwemmung
mit sich. Möglicherweise ist der November auch deshalb der Monat,
in dem die Deichgrafen Norddeutschlands einst zu ihren mehr-
wöchigen Kontrollmärschen aufbrachen.

18. November

(Namenstag für
Gerung und Odo)

Philosophisches zum Tage

Es leben viele vom Winde,
die keine Mühle haben.

Bauernregel

Willst du den Futterstand verbessern,
mußt im November die Wiesen wässern.

Tip des Tages

Legen Sie Ihren Vorrat an Feinseifen in den Wäscheschrank, so duftet Ihre Wäsche immer frisch. Empfehlenswert sind auch mit frischen Lavendelblüten gefüllte Säckchen, ebenso leere Parfümfläschchen, die im Schrank noch lange ihre liebliche Duftnote hinterlassen.

19. November

(Namenstag für
Elisabeth, Swidger, David und Mechthild)

Bauernregel

Sankt Elisabeth zeigt an,
was der Winter für ein Mann.

Interessantes

Elisabeth (vonThüringen) gilt als eine der volkstümlichsten Heiligen und herausragenden Frauengestalten in der katholischen Kirche. Hochherrschaftlich geboren, verinnerlichte und verwirklichte sie die Tugend der Armut und der Nächstenliebe. Sie ist Patronin der Caritas-Vereinigungen, aller Notleidenden, der Witwen und Waisen, aber auch der Bäcker.

Tip des Tages

Zum Entfernen lästiger und verunzierender Warzen hält die Tradition so manches – zuweilen höchst umstrittenes – Hausmittelchen parat: Helfen soll das Bestreichen mit Schneiderkreide, ebenso das Abdecken der Warze mit einer frischen Zwiebel oder Knoblauch. Auch Efeu soll schon wahre Wunder bewirkt haben: einfach die frischen Blätter auf die betroffene Stelle legen und die Kleidung darüberziehen. Tägliches Wechseln der Efeublätter nicht vergessen!

Wie bei vielen derartigen Tips gilt auch hier die alte Regel, daß der Glaube Berge versetzen kann ... warum also nicht auch Warzen entfernen?

20. November

(Namenstag für Edmund,
Korbinian und Bernward)

Bauernregel

Wenn im November die Wasser steigen,
so werden sie sich im ganzen Winter zeigen.

Tip des Tages

Großmutters Hausapotheke hat auch für die Behandlung von Gerstenkörnern einen Tip parat: Schlagen Sie ein Eiweiß zu Schnee und rühren es mit 25 Gramm Butter und 35 Gramm Lilienöl zusammen. Mit dieser Mischung machen Sie Kompressen.

Lindernd sollen übrigens auch warme Leinsamenauflagen wirken.

21. November

(Namenstag für Amalberg und Johannes von Meißen)

Bauernregel

Mariäopferung ist klar und hell,
macht den Winter streng und ohne Fehl.

Philosophisches zum Tage

Trösten ist eine Kunst des Herzens. Sie besteht oft nur darin, liebevoll zu schweigen und schweigend mitzuleiden.
(Otto von Leixner)

Tip des Tages

Apfelessig ist ein wahres Wundermittel. Er enthält neben Kalzium, Eisen und Magnesium vor allem Kalium – ein Mineral, das den Stoffwechsel spürbar reibungsloser funktionieren läßt. Zudem hält Apfelessig die Haut elastisch und stärkt die Abwehr des Körpers gegen drohende Infektionskrankheiten. Auch Appetit- und Schlaflosigkeit lassen sich damit angeblich wirksam bekämpfen.

22. November

(Namenstag für Cäcilia)

Bauernregel

Dem heiligen Klemens traue nicht,
er hat selten ein mild' Gesicht.

Tip des Tages

Langes Sitzen und Stehen begünstigt die Bildung von Krampfadern.
Legen Sie deshalb ab und zu die Beine für ein paar Minuten hoch.
Das in den Beinen angestaute Blut fließt so wieder leichter zum Herzen zurück.

23. November

(Namenstag für
Klemens, Kolumban, Trudo und Felizitas)

Philosophisches zum Tage

Gänse werden nicht
ihres Gesanges wegen gemästet.

Bauernregel

Ein heller, kalter, trockener November,
gibt Regen und milde Luft im Januar.

Interessantes

Um lange Freude am satten Grün des Weihnachtsbaumes zu haben, sollte nach dem Hundertjährigen Kalender der Christbaum vor dem elften Vollmond des Jahres geschlagen werden, der meist in den November fällt.

24. November

(Namenstag für
Modestus, Albert, Flora und Hitto)

Bauernregel

Wenn der November schneit,
hat der Winter verkalbt.

Tip des Tages

In Zeiten zunehmender Allergien ist es nicht unbedingt ratsam, chemische Mottenschutzmittel in die Schränke zu legen. Doch den geflügelten Schädlingen kann man auch beikommen, indem man kleine Kissen näht und diese mit verschiedenen Kräutern füllt. Zur Auswahl stehen Lavendel, Weinraute, Waldmeister, Rosmarin, Balsamkraut, Hopfen, Nußblätter, schwarzer Pfeffer oder Steinklee. Aber auch Leder im Schrank kann gegen Motten wahre Wunder wirken. Ein Ledergürtel verrichtet dabei genauso gute Arbeit wie eine Tasche.

25. November

(Namenstag für Katharina von Alexandrien, Elisabeth von Reute,
Egbert, Margarete und Niels)

Bauernregel

Ist an Kathrein das Wetter matt,
kommt im Frühjahr spät das grüne Blatt.

Interessantes

Katharina von Alexandria wurde außergewöhnliche Gelehrsamkeit
nachgesagt. Sie gilt als Patronin der Theologen und Philosophen,
der Jungfrauen und Mädchen, der Universitäten und Bibliotheken,
der Lehrer, Studenten und Schüler, der Anwälte, der Buchdrucker
und Schuhmacher sowie der Feldfrüchte. Außerdem wird sie zu den
Vierzehn Nothelfern gezählt.

Der Tochter eines ägyptischen Fürsten, gesegnet mit außerge-
wöhnlichen rhetorischen Fähigkeiten, soll es im 4. Jahrhundert ge-
lungen sein, fünfzig weise Männer zum Christentum zu bekehren.
Sie wurde von ihrem Kaiser, der an dem Glauben an die alten Gottheiten festhielt, wochenlang gefoltert und schließlich enthauptet.

Ein Denkmal der Verehrung für diese Märtyrerin ist das Kathari-
nen-Kloster auf dem Berg Sinai, zu dem bereits im 11. Jahrhundert
die Kreuzfahrer pilgerten.

26. November

(Namenstag für Konrad,
Johannes, Bertger, Ida und Albert von Oberaltaich)

Bauernregel

Noch niemals stand ein Mühlenrad
an Konrad, weil er Wasser hat.

Tip des Tages

Die moderne Medizin weiß, daß einer Verkalkung des Gehirns durch schlechte Blutzirkulation Vorschub geleistet wird. Um die Durchblutung des Gehirns zu fördern, gibt es verschiedene althergebrachte Methoden. Wir haben uns für diejenige der Hildegard von Bingen entschieden: »Zerstoße die Brennessel zu Saft und füge etwas Olivenöl bei, und wenn du schlafen gehst, salbe damit deine Brust und deine Schläfen ein. Fünf bis zehn Tropfen sollten genügen.«

27. November

(Namenstag für Bildhild,
Oda, Virgil und Modestus)

Philosophisches zum Tage

Das Wetter kennt man am Wind,
den Vater am Kind,
den Herrn am Gesind'.

Bauernregel

Schneit's im November im Neumond
und wird kalt, so hat der Winter verworfen.
Schneit's aber im November im abnehmenden Mond,
so hält der Schnee bis in den Frühling.

Tip des Tages

Ein bewährtes und auch von der Schulmedizin anerkanntes Hausmittel ist der Holunder. Die Blüten lassen sich als Tee zur Schwitzkur
gegen Infektionskrankheiten, als Blutreinigungsmittel bei Hautun-
reinheiten und gegen schlechten Körpergeruch verwenden.

Auch bei Rheuma und Gicht soll der Tee aus Holunderblüten,
-blättern und -rinde für spürbare Erleichterung sorgen.

28. November

(Namenstag für Berta und Gunther)

Bauernregel

Fällt im November das Laub zur Erden,
wird's ein guter Sommer werden.

Tip des Tages

Zum Thema Rheuma schreibt der Schweizer Kräuterpater Häberle:
»Gegen Rheuma trinkt man drei Wochen Nierentee wie bei vielen
anderen Krankheiten auch. In diesem Fall aber ist es gut, wenn man
nach drei Wochen ein bis zwei Wochen aussetzt und dann nochmals
den Nierentee trinkt. Bei Rheuma hat man bekanntlich zuviel

Harnsäure im Körper, die durch Erkältungen kristallisiert, was dann die Schmerzen in den Gelenken und Muskeln verursacht.«

Häberle führt rheumatische Erkrankungen auf Fehlfunktionen der Nieren zurück, weshalb es sich auch empfehle, längere Zeit keine Fleischsuppe, kein Rindfleisch und kein Schweinefleisch zu essen.

29. November

(Namenstag für Friedrich, Saturnin, Jolanda,
Christine, Radbod und Franz Joseph)

Bauernregel

Bringt der November Morgenrot,
der Aussaat viel Regen droht.

Tip des Tages

Wenn Sie ab und zu unter lästigem Augenflimmern leiden, könnte es Ihnen helfen, die folgenden Ratschläge zu beherzigen:

• Fußmassagen und Wassertreten in kaltem Wasser.
• Kein Alkohol, Nikotin und Koffein, keine stark gewürzten Speisen.
• Etwa eine halbe Stunde mit geschlossenen Augen in einem dunklen Raum liegen und ruhig und kontrolliert atmen, in den letzten fünf Minuten die Augen öffnen.

30. November

(Namenstag für Andreas,
Emming, Folkhard und Gerwald)

Mit dem sogenannten Andreastag – dem Gedenktag des Apostels und Märtyrers – beginnt das neue Kirchenjahr. Im Reigen der Lostage wird diesem Tag in ländlichen Gegenden ebenfalls viel Aufmerksamkeit zuteil.

Bauernregeln

Andreasschnee tut den Saaten weh.

Andreasschnee blieb schon 100 Tage liegen.

Hält St. Andrä den Schnee zurück,
so schenkt er reiches Saatenglück.

Interessantes

Ebenso wie die Neujahrsnacht galt die heutige als Orakelnacht, von der sich die jungen Mädchen in Herzensangelegenheiten – beispielsweise durch Bleigießen – allerlei Hinweise versprachen. Vor allem bevorstehende Vermählungen wurden über den Mustern des flüssigen Bleis leidenschaftlich diskutiert.

St. Andreas, einer der Jünger Jesu, war der jüngere Bruder des Simon, dem späteren Apostelfürsten Petrus. Der gelernte Fischer begab sich nach der Kreuzigung auf eine Missionsreise um das Schwarze Meer und nach Griechenland. Legenden behaupten, er soll auch in Kurdistan und in Georgien gepredigt haben. Vom römischen Statthalter Ägeas wurde Andreas aufgrund seiner Weigerung, den alten Gottheiten zu opfern, im Jahre 60 zum

250

Tod am Kreuz verurteilt. Seine Hinrichtung erfolgte an einem schrägen Kreuz, dessen Form seitdem als »Andreaskreuz« bezeichnet wird. St. Andreas gilt heute vor allem als Schutzheiliger der Fischer und Fischhändler, aber auch der Bergleute, Seiler und Wasserträger.

Dezember

Bald nun ist Weihnachtszeit... Erwartungsvolle Kinderherzen fiebern dem Heiligabend entgegen. Duftende Lebkuchen, Anisplätzchen, der warme Schein von Honigkerzen, geheimnisvolles Rascheln hinter verschlossenen Türen, verschwörerische Blicke zwischen Eltern und Geschwistern — und jedes neu geöffnete Türchen des Adventskalenders bringt den großen Tag näher.

Die vorweihnachtliche Stimmung mag dem einen oder anderen heutzutage ein wenig zweifelhaft vorkommen. Ist das Fest des Herrn mittlerweile nicht arg unter die Räder des Kommerzes gekommen? An Christkind oder Weihnachtsmann glaubt kaum ein Kind noch so recht, und mit Holzkreiseln oder selbstgestrickten Socken lassen sich nur noch schwerlich Begeisterungsstürme erzielen.

Es ist längst nicht mehr nur die Zeit der besinnlichen Stille, sondern vielmehr ein Jahresabschnitt der hektischen Betriebsamkeit, in dem sich die Räder der Konjunktur noch ein bißchen schneller drehen sollen als gewöhnlich. Schade? Ein Verlust? Nun, was Sie persönlich aus dem Weihnachtsfest machen, bleibt letztlich ausschließlich Ihnen selbst überlassen. Denn trotz vieler Zugeständnisse an den Zeitgeist — an so manchem liebgewonnenen weihnachtlichen Brauch halten wir gerne weiter fest. Was wäre schließlich Weihnachten ohne den festlich geschmückten Christbaum! Zwar verleitet das Aufstellen desselben so manchen Familienvater zu ganz und gar unchristlichen Flüchen, doch wenn das Prunkstück erst einmal an seinem Platz steht, führt an der Weihnachtsstimmung kein Weg mehr vorbei.

Und so dürfen wir zu Recht konstatieren, daß – unabhängig von der politischen, sozialen und kulturellen Großwetterlage – manche Tradition mehr für unser Seelenheil bewirken kann als ein ganzes Heer von Psychologen. Gott sei Dank!

1. Dezember

(Namenstag für Natalie, Eligius, Landoald, Blanka, Edmund und Charles)

Philosophisches zum Tage

> Der erste Hafersack,
> der erste Knappsack;
> der letzte Kornsack,
> der letzte Knappsack.

Bauernregel

> Fällt zu Eligius ein kalter Wintertag,
> die Kälte wohl vier Monde dauern mag.

Tip des Tages

Im Winter tut die Mutter gut daran, für ihre Kinder immer ein paar schön glatte Kieselsteine auf dem Herd oder in der Backröhre parat zu halten, so besagt es ein altes Volksrezept. Für den Schulweg beispielsweise sollen die vorgewärmten Kieselsteine in die Manteltaschen der Kleinen gelegt werden, damit sie ihre Hände in den wohlig-warmen Taschen bergen können. Für den sonntäglichen Kirchgang jedoch müssen die Kieselsteine besonders groß sein, »weil sich dann die Kinder in der Kirche nicht bewegen können«.

Ein recht handfester Beitrag zum Familienfrieden.

2. Dezember

(Namenstag für Luzius, Bibiana, Wisinto und Johannes)

Bauernregel

Je tiefer der Schnee,
um so höher der Klee.

Tip des Tages

Pappiger Schnee und Matsch bleiben nicht auf der Schneeschippe oder Schaufel kleben, wenn man diese vorher entweder mit Bohnerwachs oder einem Kerzenstummel gut eingefettet hat. Arbeiten Sie über einen längeren Zeitraum, sollten Sie den Vorgang wiederholen, da sich die Fettschicht durch den Schnee allmählich abwetzt.

3. Dezember

(Namenstag für Franz Xaver,
Gerlind, Emma und Johann Nepomuk)

Bauernregel

Je dicker das Eis um Weihnacht liegt,
je zeitiger der Bauer Frühling kriegt.

Tip des Tages

Eisblumen an Fensterscheiben entfernen Sie am besten mit warmem Salzwasser. Das Salzwasser mit einem Lederlappen auftragen und die Eisblumen durch Reiben wegwischen. Der Eisbildung an Fensterscheiben kann man entgegenwirken, wenn man auf vollständig trockene Fensterscheiben eine sehr dünne Schicht aus Alkohol und Glyzerin aufträgt.

4. Dezember

(Namenstag für Johannes von Damaskus,
Barbara und Christian)

Philosophisches zum Tage

Wenn alte Ochsen spielen,
toben und ländern,
will sich das Wetter ändern.

Bauernregel

Barbara im weißen Kleid
verkündet gute Sommerzeit.

Interessantes

»Zweige schneiden zu St. Barbara,
Blüten sind bis Weihnachten da.«

Ein kahler Kirschzweig, der am 4. Dezember als der sogenannte »Barbarazweig« aufgestellt wird, soll in der Wohnung treiben »und am Weihnachtsfest blühen«, besagt ein alter Volksglaube. Manche sehen in den Barbarazweigen sogar Vorläufer des Weihnachtsbaumes.

Die heilige Barbara, auf die dieser Brauch zurückgeht, lebte im dritten Jahrhundert in Nikodemien, der heutigen Türkei. Sie fühlte sich zu einer Gruppe von Christen hingezogen, was ihren Vater derart erzürnte, daß er sie in einen Turm einschließen ließ. Als sie auch dadurch nicht von ihrem Glauben abzuhalten war, war es schließlich ihr Vater Dioscuros selbst, der sie mit dem Schwert umbrachte. Die Legende erzählt, daß er nur einen Moment, nachdem er die Waffe zur Seite gelegt hatte, vom Blitz erschlagen wurde.

5. Dezember

(Namenstag für Anno,
Attala, Hartwich und Reginhard)

Bauernregel

Im Dezember sollen Eisblumen blühn,
Weihnachten sei nur auf dem Tisch grün.

Tip des Tages

Auch bei frostigen Temperaturen kann man die Wäsche zum Trocknen ins Freie hängen, wenn man dem letzten Spülwasser etwas Salz beigemischt hat.

6. Dezember

(Namenstag für Nikolaus, Dionysia und Henrika)

Philosophisches zum Tage

Wenn im Dezember der Weinstock trocken eingefriert,
so kann er mehr Kälte vertragen als ein Fichtenbaum.

Bauernregel

Regnet's an St. Nikolaus,
wird der Winter streng und kraus.

Interessantes

Erste Zeugnisse des Brauchs, einen Weihnachtsbaum zu schmük-
ken, sind schon aus dem 16. Jahrhundert bekannt. Dieses Haupt-
symbol des besinnlichen Familienfestes gewinnt zunehmend an Bedeutung. Demgegenüber ist die Nikolausfeier, wie wir sie heute
kennen, wesentlich jüngeren Datums:

Mit bangem Blick stehen die Kinder vor der imposanten,
weißbärtigen Erscheinung des Nikolaus. Knecht Ruprecht hat er
gleich mitgebracht, jenen ungnädigen Gesellen, der die unfolgsamen
Kinder »in den Sack« zu stecken hat.

Bis nach dem Zweiten Weltkrieg war der Nikolaustag in vorwiegend katholischen Gegenden Deutschlands der Geschenketag.
Auch wenn sich der Brauch, die Kinder und andere liebe Menschen
zu bescheren, auf den 24. Dezember verschoben hat – Überbleibsel
des ursprünglichen Datums sind sicher der Nikolausstrumpf oder das
Säckchen, die sich in der Nacht auf den 6. Dezember auf wunder-
same Weise mit Nüssen, Süßigkeiten und Mandarinen füllen.

7. Dezember

(Namenstag für Ambrosius und Gerald)

Bauernregel

Ist Ambrosius schön und rein,
wird Florian (22. 12.) ein wilder sein.

Tip des Tages

Eine warme Kognakmilch regt den Kreislauf an: Dazu nehmen Sie
einen Viertelliter Milch, die abgeriebene Schale vom Viertel einer
ungespritzten Zitrone, ein Eigelb, zehn Gramm Zucker und drei
Eßlöffel Kognak. Milch und Zitronenschale werden zusammen erwärmt und durch ein Sieb gegossen, mit Eigelb, Zucker und Kognak
über einem kleinen Feuer schaumig geschlagen und heiß serviert.

8. Dezember

(Namenstag für Conception, Immaculata, Alfrida und Edith)

Bauernregel

Dezember kalt mit Schnee,
tut dem Ungeziefer weh.

Interessantes

Seit Anfang des 18. Jahrhunderts wird Mariä Empfängnis als das
Hochfest der gesamten christlichen Kirche gefeiert.

9. Dezember

(Namenstag für Eucharius,
Liborius und Petrus Fourier)

Bauernregel

Wenn's nicht wintert,
sommert's auch nicht.

Tip des Tages

Kunstvolles aus Salzteig ist einfach herzustellen, bereitet den Kindern in der vorweihnachtlichen Bastelstunde große Freude und sieht nach dem Trocknen und Bemalen höchst dekorativ aus. Für die simple Modelliermasse mischen Sie Salz und Mehl im Verhältnis 1:1, fügen vorsichtig Wasser zu, rühren gut um und kneten, bis die Masse geschmeidig ist. Sollte die Masse zu dünn geraten, kann unbesorgt weiter Salz und Mehl zu gleichen Teilen zugesetzt werden.

10. Dezember

(Namenstag für Tethard, Bruno,
Angelina und Johann Georg)

Bauernregel

Wie der Dezember pfeift,
so tanzt der Juni.

Tip des Tages

Rotweinflecken auf der Tischdecke müssen Sie sofort mit Salz bestreuen und dieses einwirken lassen. Anschließend das Tischtuch mit klarem Wasser durchwaschen, in Buttermilch einweichen und nochmals klar nachspülen. Rotweinflecken auf Kleidungsstücken bestreuen Sie ebenfalls mit Salz und waschen mit nicht allzu heißem Wasser nach.

11. Dezember

(Namenstag für Tassilo III., David, Arthur und Damasus)

Philosophisches zum Tage

Man muß nicht
Kühe und Schweine
in einen Stall sperren.

Bauernregel

Weht der Dezemberwind aus Ost,
bringt er den Kranken schlechten Trost.

Tip des Tages

Eierflecken auf silbernem Eßbesteck sind im Handumdrehen entfernt, wenn man sie mit angefeuchtetem Salz abreibt. Anschließend gut nachspülen.

12. Dezember

(Namenstag für
Johanna, Franziska und Dietrich)

Bauernregel

Wie der Dezember, so der Frühling.

Tip des Tages

Bei Herzschwäche ist dieser Likör ein wirksames und darüber hinaus wohlschmeckendes Stärkungsmittel: Lassen Sie eine Handvoll Weißdornbeeren und zwei Stengel Melisse in einem Liter Branntwein, Korn, Gin oder Traubenschnaps acht Tage lang zugedeckt ziehen. Seihen Sie dann die Flüssigkeit ab, fügen 250 Gramm braunen Zucker hinzu und lassen das Ganze in einem gut verschlossenen Einmachglas noch etwas ziehen.

Wohl bekomm's!

13. Dezember

(Namenstag für Luzia,
Odilia, Emo und Benno)

Bauernregeln

Wenn zu Lucia die Gans geht im Dreck,
so geht sie am Christtag auf Eis.

Im Dezember Schnee und Frost,
das verheißt viel Korn und Most.

Interessantes

Im Mittelalter war der Gedächtnistag von Lucia, Patronin unter anderem der Bauern, der Glaser, der Anwälte, Dienerinnen und Hausierer, stets mit Mittwinter- und Sonnenwendbräuchen verbunden. Als Heilige des Lichts verehrt, spielt sie beispielsweise in Schweden eine besondere Rolle in den Advents- und Weihnachtsbräuchen, wobei sie von jungen Mädchen mit einem Lichterkranz auf dem Kopf dargestellt wird.

14. Dezember

(Namenstag für
Johannes vom Kreuz und Franziska)

Bauernregel

Eine gute Decke von Schnee
bringt Winterkorn in die Höh'.

Tip des Tages

Beim Ausblasen der Kerze ist es passiert: Wachstropfen verunzieren die schöne Tischplatte. Nicht abkratzen! Weichen Sie die Wachstropfen mit Hilfe des Föns kurz wieder auf. Danach lassen sie sich problemlos mit einem Leintuch ab- und die Tischplatte mit Essigwasser nachwischen.

15. Dezember

(Namenstag für
Wunibald und Christiane)

Philosophisches zum Tage

Je fetter Dachs und Vögel sind,
desto kälter kommt das Christuskind.

Bauernregel

Fließt im Dezember
noch Birkensaft,
kriegt der Winter keine Kraft.

Tip des Tages

Blutflecken in Kleidungsstücken sollte man zuerst mit kaltem Wasser
auswaschen. In heißem Wasser würde das im Blut enthaltene Eiweiß
gerinnen und sich so mit dem Gewebe verbinden.

16. Dezember

(Namenstag für
Adelheid, Tanko, Ado und Dietrich)

Bauernregel

Wenn die Kälte in der ersten Adventswoche kommt,
hält sie zehn Wochen an.

Tip des Tages

Ein Grog aus heißen Fliederbeeren, verbunden mit einer Schwitzkur, verjagt nach einem alten Hausrezept Ihre Erkältung.

17. Dezember

(Namenstag für Lazarus und Jolanda)

Bauernregel

Ist St. Lazarus nackt und bar,
gibt's einen gelinden Februar.

Interessantes

Lazarus von Bethanien gilt als Schutzheiliger der Totengräber, der Aussätzigen und der Bettler. Die Verwandtschaft seines Namens zu dem Wort Lazarett ist kein Zufall, sondern geht auf den sogenannten Lazarus-Kult zurück. In Bethanien soll die Beisetzungsstätte sein, in der der tot geglaubte Lazarus der Legende nach vier Tage lang begraben war, bis er von Jesus wieder zum Leben erweckt wurde.

18. Dezember

(Namenstag für Philipp und Wunibald)

Bauernregel

Bis Weihnacht Juchhe,
nach Weihnacht O weh.

Tip des Tages

Zum Reinigen von engzinkigen Kämmen empfiehlt sich nach Großmutters Art die folgende Vorgehensweise:
Streuen Sie auf den angefeuchteten Kamm feuchtes Natron, bürsten ihn sodann mit einer Nagelbürste gut durch und brausen ihn anschließend ab.

19. Dezember

(Namenstag für
Petrus von Arolsen und Konrad von Liechtenau)

Philosophisches zum Tage

Man weiß nicht,
was man an der Heimat hat,
bis man hinaus in die Ferne kommt.

Bauernregel

Kalter Dezember – zeitiger Frühling.

Tip des Tages

Probieren Sie bei Überarbeitung und nervösen Herzbeschwerden doch einmal folgenden Tip aus: Vermischen Sie einige Tropfen Baldrian oder Arnikatinktur mit einem Teelöffel Honig und nehmen dies auf nüchternen Magen morgens gleich nach dem Aufstehen oder abends vor dem Schlafengehen ein.

20. Dezember

(Namenstag für
Hoger, Eido und Heinrich)

Bauernregel

Wie der Dezember pfeift,
so tanzt der Juni.

Tip des Tages

Nikotinflecken lassen sich am besten von den Händen entfernen, wenn man sie mit Zitronensaft oder Essig abwäscht. Von Porzellan verschwinden die häßlichen gelben Stellen, wenn man sie mit erwärmtem Salz abreibt. Bei Nikotinflecken auf Marmor mischen Sie Zitronensaft und Salz und reiben sie damit ab.

21. Dezember

(Namenstag für
Thomas, Hagar, Richard und Peter)

Bauernregeln

Wenn St. Thomas dunkel war,
gibt's ein schönes, neues Jahr.

St. Thomas bringt die längste Nacht,
weil er den kürzesten Tag gebracht.

Tip des Tages

Haben Sie Ihre Weihnachtskrippe schon entstaubt? Die Figürchen von Holzwolle befreit?

Noch haben Sie ausreichend Zeit, eventuell fehlende Figuren zu ergänzen, den Stall mit frischem Stroh auszulegen und die Heilige Familie wieder auf Hochglanz zu polieren.

22. Dezember

(Namenstag für
Jutta von Sponheim und Marian)

Bauernregel

Ist der Winter warm,
wird der Bauer arm.

Interessantes

Der sogenannte Weihnachtsbogen ziert nun wieder viele Wohnstuben. In das Fenster gestellt, bietet der hölzerne Rundbogen mit sechs Kerzen, Symbol für das erleuchtete Himmelsrund, ein stimmungsvolles Bild.

Dieser Lichterbogen war über viele Jahrhunderte der Mittelpunkt familiärer Weihnachtsfeiern, wohingegen der uns so vertraute Weihnachts- oder Christbaum erst auf eine vergleichsweise junge Tradition zurückblicken kann.

23. Dezember

(Namenstag für Johannes von Krakau, Dagobert II., Gregor,
Gaubald, Ivo und Hartmann)

Philosophisches zum Tage

Frühling begehrt, Sommer ernährt,
Herbst bewährt, Winter verzehrt.

Bauernregel

Ein grüner Christtag,
ein weißer Ostertag.

Tip des Tages

Bei Zahnschmerzen tauche man einen Wattebausch in möglichst
hochprozentigen Alkohol, lege ihn auf die schmerzende Stelle und
versuche, ihn so lange wie möglich einwirken zu lassen, rät
Großmutters Gesundheitsbrevier. Auch wenn die Maßnahme eine
gewisse Erleichterung bringen mag – den Gang zum Zahnarzt wird
es einem letztendlich wohl nicht ersparen.

24. Dezember (Heiligabend)

(Namenstag für Adam, Eva, Hanno, Adelbert, Erkenbert, Irmina und Johannes)

Bauernregeln

Wer sein Holz um Christmett fällt,
dem sein Haus wohl zehnfach hält.

Bringt das Christkind Kält' und Schnee,
drängt das Winterkorn in die Höh'.

Wenn es Weihnachten flockt und stürmt auf allen Wegen,
das bringt den Feldern Segen.

Wird es in der Christnacht schneien,
kann sich der Hopfenbauer freuen.

Wie die Witterung an Adam und Eva,
so bleibt sie bis Ende des Monats.

Interessantes

Erst im 4. Jahrhundert wurde der Heiligabend zur Feier der Geburt Christi eingeführt – viel später als zum Beispiel das Osterfest. Zunächst wurde die Geburt Jesu am Epiphanietag (6. Januar) gefeiert, seit Mitte des 4. Jahrhunderts in Rom am 25. Dezember. Exakt läßt sich das Geburtsdatum Jesu nicht mehr bestimmen – neueste Forschungen gehen allerdings von einem Tag im späten Januar aus.

Der Weihnachtsbaum gewann im familiären Brauchtumsdenken seit dem Ende des 18. Jahrhunderts zunehmend an Bedeutung. Die Sitte, sich gegenseitig zu beschenken, ist älter, sie datiert etwa aus dem Hochmittelalter (um 1000 n. Chr.) und steht als Symbol für die Nächstenliebe – die Antwort der Menschen auf die Liebe Gottes.

25. Dezember

(Namenstag für
Eugenia, Anastasia und Theresia)

Bauernregel

Wenn Christkindlein Regen weint,
vier Wochen keine Sonne scheint.

Interessantes

Seien Sie nicht verwundert, wenn Sie Weihnachten im Ausland ver-
bringen und Ihre Geschenke erst am heutigen 25. Dezember erhalten. Der Heiligabend ist beinahe ausschließlich in Mittel- und Süd-
europa der Tag der Bescherung – in den übrigen christlichen
Regionen der Welt werden die Geschenke am darauffolgenden
Morgen überreicht. Besonders nett ist die amerikanische Tradition:
Dort hängen die Kinder am Abend des 24. Dezembers einen
Strumpf auf, der dann während der Nacht von Santa Claus (St. Nikolaus) gefüllt wird.

Tip des Tages

Vasen oder andere Gegenstände aus Kristall, die die weihnachtlichen Festtafeln zieren sollen, lassen sich gut mit Apfelsinen-
scheiben reinigen. Das Gefäß nur bis zur Hälfte mit Wasser füllen, kleingeschnittene Apfelsinenschalen hineingeben und gut
schütteln.

26. Dezember

(Namenstag für
Stephanus und Richlind)

Bauernregel

Bringt St. Stephan Wind,
die Winzer nicht erfreut sind.

Interessantes

In Österreich und weiten Teilen Süddeutschlands als »Stefanitag« gefeiert, gilt der heutige Tag weithin als »zweiter Weihnachtstag«.

Gefeiert wird an diesem Tage Stephan, der erste Märtyrer der
Christenheit. Geboren in Jerusalem, dürfte er ein Zeitgenosse Jesu
gewesen sein. Der Überlieferung nach zählte er zu den sieben Dia-
konen, die von den Aposteln geweiht worden waren. Durch seine
flammenden Predigten zog er schon zu Lebzeiten Jesu den Zorn der
Jerusalemer Massen auf sich. Als er begann, gegen die Tempelpoli-
tik der Obrigkeit zu wettern, wurde er zum Tode verurteilt und vor
den Toren der Stadt gesteinigt.

27. Dezember

(Namenstag für
Johannes, Fabiola, Ezzo, Rutger und Walto)

Bauernregel

Viel Wind in den Weihnachtstagen,
reichlich Obst die Bäume tragen.

Interessantes

Am sogenannten »Johannes-Tag«, dem Fest des Evangelisten Johannes, erinnern sich die gläubigen Christen an den Giftkelch, den Johannes dereinst, ohne Schaden zu nehmen, getrunken haben soll. Folgerichtig wird an diesem Tage der Wein gesegnet, dem man Kräfte gegen Krankheiten zuschreibt.

Aber auch bei der Hochzeitsmesse wird gerne Johanneswein ausgeschenkt.

Tip des Tages

Brandflecken auf Naturholz, beispielsweise auf einem Kochlöffel, schmirgeln Sie mit Sandpapier ab. Bei Porzellan empfiehlt es sich, einen mit Wasser befeuchteten Korken in Salz zu tauchen und den Fleck damit auszureiben.

28. Dezember

(Namenstag für
Herrmann und Otto von Frauenau und Franz)

Philosophisches zum Tage

Wer sich zu tief in den Dreck
rein wagt, der bekommt
die Schuhe voll.

Bauernregeln

Haben's die unschuldigen Kindlein kalt,
so weicht der Frost noch nicht so bald.

Schneit's am unschuldige Kindel,
Fährt der Januar in die Schindeln.

Tip des Tages

Einen angenehmen Geruch in Ihrer Wohnung erhalten Sie, wenn Sie Orangen- und Zitronenschalen im Kaminfeuer verbrennen.

29. Dezember

(Namenstag für Thomas, Thamar [Tamara], Isai [Jesse], David und Lothar)

Bauernregel

Es folgte noch allerzeit und immerdar
auf kalten Dezember ein fruchtbar Jahr.

Interessantes

Wenn der Wind zu Vollmond tost, folgt ein langer, kalter Frost, sagt der Hundertjährige Kalender.

30. Dezember

(Namenstag für Felix I., Sabinus, German und Richard)

Bauernregel

Trockener Dezember,
trockenes Frühjahr
und trockener Sommer.

Tip des Tages

Wappnen Sie sich schon für den bevorstehenden Silvesterabend mit einem kleinen Vorrat an »Kater-Killern«. Ein altes Hausmittel, das schnell gegen einen Brummschädel hilft:

Mischen Sie in einem Shaker drei bis vier Eiswürfel mit jeweils einem Schuß Fernet Branca, rotem Wermut und Gin.

Wohl bekomm's!

31. Dezember

(Namenstag für Silvester, Columba, Melanie,
Luitfrid von St. Blasien und Apollonia)

Philosophisches zum Tage

Wie auch das Wetter sich gestaltet –
beim Jahresschluß die Hände faltet!

Bauernregel

Silvesternacht wenig Wind und Morgensonn',
gibt viel Hoffnung auf Wein und Korn.

Interessantes

Gern verbringt man den heutigen Abend bei einem guten Essen im Kreise netter Leute. Um Punkt zwölf wird dann das neue Jahr mit Feuerwerk und Champagner begrüßt.

Bei Silvester denkt man also zuerst einmal an den Jahreswechsel und kaum an den Heiligen, der dem letzten Tag des Jahres seinen Namen gab. Papst Silvester wirkte in Rom von 314 bis 335, in einer von der jahrzehntelang andauernden Christenverfolgung befreiten Zeit. Er ist Patron der Haustiere, steht für eine gute Ernte und natürlich – für ein gutes neues Jahr.

In puncto Wettervorhersage für das neue Jahr verließ sich der Landmann früher übrigens gerne auf die Zwiebel als Orakel. Dazu wurde eine Zwiebel zwölfmal zerteilt – jeder Schnitzer stand für einen Monat. Nachdem man jeden der zwölf Schnitzer gleichmäßig mit Salz bestreut hatte, achtete man darauf, welcher der Abschnitte, also welcher der Monate, viel Wasser ausschwitzte. Dieser sollte dann folgerichtig ein besonders regenreicher werden.

Register

HEYNE BÜCHER

Von der Kraft des Mondes

Anna-Maria Bauer
Das Heyne-Mondjahrbuch 1998
Natürlich leben im Rhythmus der Natur
08/5145

01/9803

Erich Bauer
Barbara Conrad
Das Mondphasen-Kochbuch
Gesunde Ernährung im Einklang mit dem Mond
07/4690

Johanna Paungger
Thomas Poppe
Vom richtigen Zeitpunkt
Die Anwendung des Mond-kalenders im täglichen Leben
01/9803

Christina Zacker
Die Monddiät
Schlank und schön im Einklang mit dem Mondjahr
08/5036

Christina Zacker
Mondphasen
Der Einfluß des Mondes auf den Lebensrhythmus der Frau
08/5047

Christina Zacker
Das persönliche Mondhoroskop
Mondphasen und Tierkreiszeichen
08/5155

Heyne-Taschenbücher

Body & Soul

Harmonie des Lebens

Erich Bauer/Uwe Karstädt
Das Tao der Küche
08/5186

Chao-Hsiu Chen
Feng Shui
08/5181

Laneta Gregory
Geoffrey Treissman
Das Aura-Handbuch
08/5183

08/5181

Christopher S. Kilham
Lebendiger Yoga
08/5178

Ulrike M. Klemm
Reiki
08/5176

Anita Martiny
Fourou Turan
Aura-Soma
08/5175

Dr. med. H. W.
Müller-Wohlfahrt
Dr. med. H. Kübler
**Hundert Prozent fit
und gesund**
08/5179

Brigitte Neusiedl
Heilfasten
08/5180

Donald Norfolk
Denken Sie sich gesund!
08/5182

Magda Palmer
**Die verborgene Kraft
der Kristalle und der
Edelsteine**
08/5185

Susi Rieth
Die 7 Lotusblüten
08/5177

Dr. Vinod Verma
Ayurveda
08/5184